THÈSE

POUR

LE DOCTORAT

La Faculté n'entend donner aucune approbation ni improbation aux opinions émises dans les thèses ; ces opinions doivent être considérées comme propres à leurs auteurs.

FACULTE DE DROIT DE L'UNIVERSITE DE PARIS

LA STATISTIQUE DOUANIÈRE ET SES MÉTHODES

THÈSE POUR LE DOCTORAT

Présentée et soutenue le Lundi 20 Mars 1911, à 2 h. 1/2

PAR

Charles-Jacques SCHULLER

Président : M. FAURE, *professeur*

Suffragants { MM. GIDE, *professeur*
WAHL, *professeur*

PARIS
JOUVE ET Cie, ÉDITEURS
15, Rue Racine, 15

1911

LA

STATISTIQUE DOUANIÈRE

ET SES MÉTHODES

Durant tout le cours du XIXe siècle il a été donné de constater les progrès de la statistique en général et de celle du commerce extérieur en particulier. C'est en effet qu'à nulle autre époque le chiffre n'a eu une telle importance. Une argumentation paraît d'autant plus solide qu'elle est étayée par des preuves numériques. Sans entrer, d'ailleurs, dans le détail des applications de la statistique du commerce extérieur, il nous sera permis d'indiquer en peu de mots les besoins auxquels elle répond. L'agriculteur, l'industriel, orienteront la production d'après ses données ; le commerce, y voyant un des éléments du prix, les compagnies de transport, pouvant envisager des lignes de trafic et ayant un guide pour l'établissement de leurs tarifs, la consulteront avec fruit. Enfin les hommes d'État, les membres du Parlement, les économistes, y puiseront de très utiles informations. S'ils veulent apprécier le progrès ou la décroissance du mouvement commercial et industriel (1), les conséquences des événements qui portent atteinte à la sécurité des transactions, les ressources que le pays est obligé de demander à l'étranger, les rapports économiques de ce même pays avec les autres États, l'importance du trafic dans nos principaux ports, l'influence sur les recettes des modifications du tarif des douanes, les résultats de l'application des régimes de douane (Admission temporaire, Transit, Entrepôt) ou de tel système économique, ils recourent à la lecture des statistiques du commerce extérieur. Une loi douanière quelconque, un arrangement commercial avec un autre État, devront être passés au crible de leurs chiffres.

---

1. Au congrès d'expansion économique de Mons (1905) M. Godchaux, Président de la Chambre de commerce anglo-belge de Londres, a soutenu que le relevé des importations et des exportations directes entre pays déterminés ne constitue pas ce que l'on doit entendre par le commerce d'échange. Il appuie sa thèse d'arguments spécieux : un commerçant anglais effectuant des achats en Belgique et donnant ordre de les livrer aux Indes, la statistique ne relèvera qu'un échange entre la Belgique et l'Inde. C'est exact, mais nous croyons que le remède signalé : demander aux industriels et commerçants des éclaircissements complémentaires, est illusoire. Ce qui est vrai, c'est que la statistique du commerce extérieur ne forme pas le seul élément d'appréciation des rapports économiques de deux pays et que les chiffres qu'elle donne doivent être examinés à la lumière d'autres informations.

Après avoir exposé l'état actuel des statistiques du commerce extérieur en France et dans les principaux États—procédés et méthodes—nous nous proposerons, dans notre étude, sans avoir la prétention de nous livrer à des considérations de pure doctrine économique ou statistique, de rechercher les améliorations qu'il serait souhaitable d'apporter à la pratique française dans le double but d'augmenter la précision et de faciliter la comparaison entre les diverses statistiques officielles du commerce international. Nous nous estimerons heureux si nous réussissons à mieux faire connaître toutes ces notions et surtout à permettre de se rendre un compte exact de ce que l'on peut et doit attendre d'elles.

CHAPITRE PREMIER

HISTORIQUE

La statistique du commerce extérieur étant la représentation d'une partie de l'activité commerciale, a eu son développement lié à celle-ci et son histoire suit pas à pas celle du commerce. A vrai dire, on ne rencontre guère de statistique avant le XVIIe siècle. Auparavant, on trouve des données statistiques, intéressantes par ailleurs, mais isolées et incomplètes, semblables à des oasis au milieu du désert. L'objet de notre étude ne s'est dessiné pleinement que dans les temps modernes, lorsque le commerce est sorti de la phase régionale pour devenir international d'abord et mondial ensuite. La majorité des auteurs s'accordant pour confier à l'État le soin de recueillir les données du commerce extérieur, ce n'est qu'avec la formation et surtout la centralisation des États modernes que l'on voit apparaître les bureaux et publications statistiques. La douane étant l'administration la mieux placée pour le contrôle de ces mouvements, c'est elle qui est chargée de dresser les relevés des marchandises qu'elle vérifie (1).

La question pourrait être soulevée de confier à une autre branche des services de l'État ou même à des particuliers, l'élaboration de la statistique du commerce extérieur. Nous avons, à ce sujet, une tentative très intéressante, que nous examinerons plus loin en détail : la statistique du commerce entre l'Autriche et la Hongrie. Sans préjuger dès à présent du fond du débat, nous le placerons sur son véritable terrain en disant que c'est l'impossibilité de confier à la douane l'établissement de cette statistique des échanges entre deux pays placés sous la même domination politique (*Zwischenverkehrstatistik* ou statistique du commerce intermédiaire) qui a amené à envisager une autre solution. S'il eût existé entre l'Autriche et la Hongrie une ligne de douanes, c'est bien certainement à la douane qu'on eût remis cette tâche. Et la pratique nous montre que partout cette dernière administration fournit les éléments statistiques du commerce extérieur. Il est d'ailleurs très naturel que les fonctionnaires qui perçoivent des impôts sur les échanges, soient le mieux à même de renseigner sur lesdits échanges.

A l'appui des idées générales que nous venons de

---

1. La douane s'occupe également de la statistique de la navigation, mais comme cette matière est un peu spéciale, il n'en sera pas question dans notre étude.

développer, nous citerons quelques faits empruntés à la préhistoire des statistiques du commerce extérieur, tout en faisant observer que les chiffres indiqués sont d'une exactitude très douteuse.

La plus haute antiquité ne connut point ou presque point le commerce international. Le commerce intérieur même est doublé du vol et de la tromperie. Mercure symbolise dans la mythologie les marchands et les voleurs. *A fortiori*, l'échange international s'accompagnait-il de guerre et de pillage. Les premiers documents statistiques internationaux pourraient bien être ces inscriptions égyptiennes ou chaldéennes énumérant les tributs versés par les peuples vaincus. Tacite, rapporté par Moreau de Jonnès, raconte que le plus ancien des prêtres égyptiens expliqua à Germanicus que l'armée de Ramsès recevant des tributs annuels en or et en argent, des quantités de blé et d'autres substances, le tout était inscrit sur les obélisques de Thèbes. Les Hébreux, « le peuple le plus statisticien de l'antiquité », ne se livrèrent pas beaucoup au commerce extérieur à cause de leur esprit d'exclusivisme (1).

Cependant à l'époque de la plus grande prospérité du royaume juif, c'est-à-dire sous Salomon, le *Livre des Rois* (chap. X verset 29) nous fait assister à des importations en Judée de chevaux et de chariots de

1. V. Maspero, *Histoire des peuples de l'Orient*, t. III, p. 125.

guerre originaires d'Egypte. Il était, d'ailleurs, loisible aux fermiers de Salomon de recevoir en paiement des droits de douane assez élevés (150 sicles ou 300 francs par cheval, et 600 sicles ou 1.500 francs par chariot) des fils de lin d'Égypte.

Si nous avançons dans l'antiquité, nous voyons les transactions se développer. Les Phéniciens et les Grecs furent de grands navigateurs. Pour faciliter encore les échanges, on inventa des instruments de mesure et des monnaies. Amasis crée un port franc à Naucratis. Et pour continuer à glaner les faits statistiques, ncus remarquons dans un discours de Démosthène (1) des détails curieux sur le commerce d'Athènes. De même que les autres peuplades de la Grèce, Athènes importait des quantités considérables de blé de la Thrace et de la Chersonèse Taurique. Les seules graines du Bosphore fournissaient annuellement une introduction de 400.000 médimnes ou 320.000 quintaux métriques. Ce froment payait un droit de douane de 1/50 de sa valeur. Pendant la guerre du Péloponèse, les recettes de douane rendirent au Trésor public 36 talents ou moins de 200.000 francs. Cette somme était prélevée sur un commerce total de 10.800.000 francs.

Nous retrouvons à Rome des mouvements de denrées d'alimentation très importants, nécessités par

---

1. V. Moreau de Jonnès, *Statistique des peuples de l'antiquité*, p. 240 et suiv.

les besoins toujours grandissants de l'État romain. L'Afrique du nord, l'Égypte, la Chersonèse Taurique même envoyaient du blé à Rome et les guerres furent parfois terminées par des traités stipulant des tributs en blé, c'est ce qui a eu lieu notamment pour le traité qui mit fin à la deuxième guerre punique. Mais, par un phénomène curieux que nous retrouverons au moyen âge, en même temps que le commerce extérieur se développe, le gouvernement s'efforce de le réglementer, voire même d'interdire certaines exportations : l'or, les armes, les esclaves ayant certains talents, le vin, l'huile, les liqueurs, étaient prohibés à la sortie du territoire de l'empire romain. Un édit de Valentinien consacre ces prohibitions. « On craignait que les barbares ne fussent attirés par le goût de ces bonnes choses (1). » D'après Pline et Strabon, au temps de l'empire romain, une flotte partait chaque année pour se rendre à Ceylan où se trouvait le marché de l'Orient. Les Romains se procuraient ainsi la soie, les épices, les pierres précieuses. (2)

---

1. Moreau de Jonnès, *op. cit.*, p. 516.

2. Pline estime l'importation des produits de l'Inde par la voie de l'Egypte à 55 millions de sesterces. (15 millions de francs) et l'importation des perles à plus de 100 millions de sesterces (Mommsen et Marquardt, *Manuel des Antiquités romaines*, t. X, p. 347). Les douanes ont d'ailleurs existé à Rome dès l'époque des rois (même ouvrage p. 340). V. sur ce dernier sujet F. Thibault. *Les Douanes chez les Romains*. D'après cét auteur les *portoria* (droits de douane) établis

Après la chute de l'empire romain, le commerce international subit un temps d'arrêt et il faut arriver au XIIIe siècle pour retrouver des échanges réguliers entre nations. La forme originelle de ces échanges ce sont les foires. La religion intervenant à cette époque dans tous les actes de la vie ordinaire, les plus anciennes foires sont en même temps des pèlerinages. (1) Mais il ne faut pas oublier que ces foires constitueront des exceptions au système général de l'économie locale et urbaine.

Sous la féodalité, dit M. Pigeonneau, le seigneur n'a qu'une préoccupation : empêcher ses hommes d'exporter les produits de son fief, surtout ceux qui sont indispensables à la défense, à la sécurité, à la vie même des populations qu'il exploite : blé, boisson, bétail, chevaux, laine, lin, chanvre.

Il ne peut donc y avoir de trafic régulier et partant une statistique du commerce extérieur se trouve sans objet. (2) Il y avait d'ailleurs un obstacle très

---

en Gaule avant la conquête romaine gênèrent parfois les relations commerciales avec le nord de l'Italie (p. 43 de son étude).

1. V. dans Levasseur (*Histoire du Commerce de la France* p. 58). l'origine pieuse assignée par une tradition au Lendit. Les foires furent souvent concédées aux monastères ou aux églises pour augmenter leurs revenus. Les marchés et foires sont traités à maintes reprises dans l'ouvrage de M. Levasseur, (V. surtout p. 57 à 65 et 80 à 93).

2. « Sous le régime féodal on ne saurait distinguer en « France un commerce intérieur et un commerce extérieur.

sérieux, qui ne sera supprimé que beaucoup plus tard : la divergence profonde des poids, mesures et monnaies. Aussi n'est-il pas étonnant que ces foires présentent d'une année à l'autre des fluctuations très importantes dans le mouvement commercial. M. Levasseur, dans son *Histoire des classes ouvrières* (t. I, p. 446), cite le produit des foires de Champagne, qui est très instructif à ce sujet. Les croisades avaient bien donné naissance à quelques échanges avec l'Orient, mais l'invasion turque, qui n'avait pas encore atteint son extrême limite, rendait ces relations précaires. Les peuples d'Italie, et surtout les Vénitiens, en profitèrent quelque peu. C'étaient ces derniers qui fournissaient les épices à l'Europe. Pierre Doriole, trésorier de France en 1468, évalue de 200.000 à 300.000 écus l'importation des épices de Venise. Les relations des ambassadeurs de la République de Venise sont fécondes en renseignements statistiques. Dès le XIIIe siècle il fut prescrit à ces agents diplomatiques de faire des comptes particuliers pour connaître les forces politiques et économiques des États auprès desquels ils étaient accrédités (1). Ces rapports, continués pendant plusieurs

« Il existait non un royaume limité par des frontières doua-« nières, mais autant d'etats pour ainsi dire que de domaines « seigneuriaux. Tout ce qui n'était pas du domaine était « étranger » Levasseur, *Hist. du Commerce*, p. 57.

1. Goldstein, *La Statistique et son rôle* (*Rev. d'Écon. politique*, 1900).

siècles, sont une source précieuse de documentation sur l'époque. Ceux de Marino Cavalli (milieu du XVIe siècle) peuvent être rangés parmi les plus intéressants. D'autre part, M. Wilhelm Stiéda, professeur à Leipzig, a fait à la session de l'Institut international de statistique de Christiania (1899) une communication au sujet des « sources de la statistique commerciale au moyen âge ». Nous lui empruntons les quelques détails qui vont suivre. Au sens moderne, dit-il en substance, on ne peut reconstruire une statistique d'entrée et de sortie pour tout un pays en des temps éloignés. Mais les écrits pratiques ou administratifs permettent de se rapprocher du but poursuivi. Et il indique les registres de douane, les registres de navigation et ceux de perte. En Angleterre, depuis le règne d'Edouard Ier (1272-1307), on possède des registres de douane (1).

Grâce à eux, on peut voir de quelle manière en 1277 les peuples commerciaux participaient à l'exportation de la laine. Dans cette année l'importation douanière monta de 20.000 à 30.000 livres sterling. On peut utiliser également les registres de conduite dans les ports qui donnent les entrées et sorties. M. Stiéda en a trouvé aux archives de Lubeck,

1. La plupart de ces vieux registres ont été détruits dans les trois incendies de la douane de Londres. Mais avant ces incendies, des chercheurs en avaient déjà extrait les renseignements essentiels. V. plus loin l'ouvrage de Whitworth.

Dantzig, Réval. Les registres de perte tenus par les marchands quand les vaisseaux étaient engloutis ou volés, nous renseignent sur les marchandises expédiées, sur les lignes de trafic, la quantité et la valeur desdites marchandises. L'auteur de la communication ajoute, d'ailleurs, qu'il faut user avec circonspection de ces derniers registres lorsque l'on veut être fixé sur l'importance des transactions. Et la même remarque s'applique aux livres des commerçants, tenus depuis le XIVe siècle, qu'on rencontre dans le sud de la France et le nord de l'Allemagne. Les archives de la ville de Réval contiennent ceux du gros négociant de Bruges, Hildebrand Veckenghuisen. (1)

Mais la Renaissance et le XVIe siècle voient, en même temps que l'union territoriale des grands États de l'Europe, une perturbation économique considérable due à la découverte des mines d'or de l'Amérique. Les États embrassent tour à tour les doctrines mercantilistes, permettant le commerce international, mais sous de grandes restrictions. L'or et l'argent sont considérés comme les richesses primordiales et le commerce international ne devra avoir d'autre but que de procurer des métaux précieux aux pays qui n'en produisent pas. Et nous assistons en

---

1. Sur le commerce en France au Moyen-Age V. Levasseur. *Histoire du Commerce de la France*. Livre III. Ch. V et VI. *Les Compagnies des marchands de l'eau. Les ports et le grand commrce par terre et par eau.*

Angleterre à l'éclosion des théories de la balance des contrats et de la balance du commerce (Thomas Mun) (1). Ces tendances, qui devaient aboutir en France à ce que l'on a appelé le *colbertisme*, mettent en lumière le rôle de la statistique du commerce extérieur. Puisque sous sa forme ultime le mercantilisme présentait la théorie de la balance du commerce, consistant à importer peu et à exporter beaucoup, il fallait arriver à connaître au moins approximativement les chiffres du commerce extérieur.

Par ailleurs, la centralisation monarchique qui avait été compromise par les guerres de religion tendait de plus en plus à se réaliser en France (2).

---

1. *A discourse of trade from England unto the east Indies* (1602, d'après Mac Culloch), cité par le *Nouveau Dictionnaire d'Economie politique*.— L. Say et Chailley, p. 371. V. dans Levasseur. *Histoire du Commerce*, la formation de la théorie mercantiliste en France avec Laffemas (1598) et Montchrétien (1615).

2. M. Levasseur cite, dans son *Histoire des classes ouvrières* (t. II, p. 50), un manuscrit rédigé de 1551 à 1556, contenant des détails très précis sur les importations de la France à cette époque. Le total des entrées aurait été de 36 millions et demi de livres, lesquelles en valeur intrinsèque, c'est-à-dire en poids d'argent fin, représenteraient 150 millions de francs actuels. « Si l'on admet que le pouvoir commercial du XVIe siècle fut égal à trois fois et demi le pouvoir actuel, on obtient un total de 525 millions, ce qui suppose un commerce extérieur, importation et exportation réunies, équivalant comme importance à un mouvement commercial de 1 milliard de francs aujourd'hui. » M. Levasseur croit que

C'est sous l'empire de cette idée que Sully (1) propose de faire une perquisition

très exacte de toutes les facultés et revenus de ce royaume, de quelque nature qu'ils puissent être, avec un éclaircissement bien particulier des causes, origines, establissements et perception d'iceux (*Economies Royales*, t. I, ch. LVII).

Ce projet n'aboutit pas, mais l'élan était donné; Richelieu et Colbert se font fournir des renseignements statistiques sur le commerce extérieur, soit par les intendants, soit par les fermiers généraux. Il est vrai que la division douanière de la France en grosses fermes, pays étrangers et réputés étrangers n'était pas faite pour faciliter la coordination et la centralisation de ces données. A la fin du règne de Louis XIV (1693), d'Aguesseau, chargé du commerce sous l'administration de Pontchartrain, demande que des tableaux détaillés de l'importation et de l'exportation soient dressés annuellement. Le fermier général de Lagny dut, à cet effet, prescrire aux agents des

les évaluations originales ont été exagérées et se demande dans son *Histoire du Commerce* sur quelles données elles ont été établies.

1. Sully avait parfaitement compris le parti qu'on pouvait tirer des livres de douane. Le comte de Soissons ayant surpris au roi, en 1603, un édit créant un droit de sortie de 15 sols par ballot de marchandises, le ministre de Henri IV supputa, en s'aidant des « comptes des traites foraines et domaniales et entrées des cinq grosses fermes », le produit annuel de cet impôt. (Arnould, *Balance du commerce*, t. II, p. 118.)

douanes d'envoyer à partir de 1700, tous les trois mois, des relevés spéciaux des articles importés et exportés. Le Conseil supérieur du commerce s'intéressa à la question ; un bureau chargé de réunir les documents nécessaires à l'établissement de la « Balance du commerce » fut créé en 1713, (1) et dirigé par M. de Grandval, sous l'autorité des fermiers généraux. Les négociations relatives au traité d'Utrecht ne furent pas étrangères à cette création, car les commissaires français rencontrèrent dans leurs collègues anglais des plénipotentiaires possédant des renseignements statistiques de premier ordre sur le commerce extérieur. La situation déjà délicate des représentants de la France n'en fut pas améliorée (2).

En Angleterre, en effet, dès le commencement du règne de Jacques Ier (1603), les industriels avaient eu l'idée d'utiliser les registres de la douane pour apprécier, au moins approximativement, la valeur des importations et des exportations et découvrir si le commerce de leur pays était une source de pro-

1. Ordre du Conseil du roi du 18 avril 1713, confirmé par arrêt du 16 juin 1716.

2. Levasseur, *Aperçu des résultats de la statistique comparée du commerce extérieur*. Dans son *Histoire du Commerce*, liv. VI, chap. IV le même M. Levasseur évalue d'après les mémoires des intendants les échanges des provinces françaises entre elles et avec l'étranger à la fin du XVIIe siècle. Le traité de commerce de 1713 ne fut du reste pas ratifié par le Parlement anglais.

fits ou de perte. Étant donné que, depuis le règne d'Edouard III (1327-1377), il était perçu sous le nom de *poundage duty* un droit *ad valorem* de 5 o/o à l'entrée ou à la sortie des marchandises, on multiplia par 20 le montant brut de tous les droits et on obtint la valeur réelle des échanges. Natalis Rondot, à qui nous empruntons ces détails, donne dans le *Dictionnaire du commerce* (1) d'autres renseignements sur la vérification des valeurs dans les bureaux de douane au moyen du *Livre des prix* (*Book of rates*). Ce livre, dont la plus ancienne édition remonterait à 1545, avait été institué pour aider le contrôle des serments des commerçants ou de la facture d'origine, mais les rois ne tardèrent pas à fausser les évaluations pour augmenter les revenus. En 1642, le Parlement revendiqua le droit d'arrêter les valeurs officielles et publia un livre des prix. Après des vicissitudes sous Cromwell (*Livre des prix*, 1656) et la Restauration (édit de 1660), on arrêta en 1696 les prix des marchandises (2). Le comité du commerce

1. Guillaumin, 1859. Article: *Commission des valeurs*.

2. En 1725, toutefois, il y a eu un livre supplémentaire des prix. Nous avons indiqué la date 1696 d'après Natalis Rondot (*Dictionnaire du Commerce de Guillaumin*, 1859. Article : *Commission des valeurs*) et Mac Culloch (*A Dictionary of commerce and commercial navigation*, Londres, 1880). Voici deux passages de ce dernier.

Article : *Balance of commerce*, p. 76 : « In England the rates at which all articles of export and import are officially valued were fixed so far back as 1696. »

et de l'industrie avait pressenti à ce sujet les commissaires des douanes. Mais ceux-ci refusèrent, prétextant le défaut de personnel. On essaya alors d'envoyer à l'étranger des agents chargés d'étudier les prix, à des époques différentes, de chacun des produits expédiés habituellement en Angleterre afin de calculer la valeur moyenne la plus rationnelle, mais cette tentative resta infructueuse. Par ailleurs, dès 1693, les comptes des douanes anglaises étaient mis sous les yeux du Parlement. Davenant, inspecteur général des douanes anglaises, écrivait en 1698 que les douanes sont interrogées comme faisant véritablement l'office du pouls dans le corps politique dont elles indiquent la bonne ou la mauvaise disposition (1).

S'il faut en croire Arnould (2), les Italiens et les Hollandais auraient dressé également des relevés mais en les tenant secrets (3) « pour éviter toute critique raisonnée ».

Article : *Imports and exports*, p. 726 : « We have already stated that the rates according to which the official values of the exports were determined so far back as 1696. »

1. Arnould, t. II, p. 117.

2. Arnould, t. I, p. 49.

3. En 1658, l'ambassadeur Boreel présente à la Cour de Versailles la liste des produits français exportés en Hollande. Cette liste extraite des registres des douanes hollandaises portait à 72 millions de livres tournois la valeur de ces produits. La Hollande poursuivait alors le renouvellement des

Arnould s'indigne que

les tableaux de la balance du commerce de la France soient connus en Angleterre, publiés dans les journaux, cités même comme des pièces authentiques dans le Parlement de la Grande-Bretagne, tandis qu'ici on a fait jusqu'à présent mystère à la nation française des moindres notions sur les faits généraux et particuliers de son commerce dans toutes les parties du globe.

Il y a mieux, l'Imprimerie royale publiait en 1777 l'ouvrage du chevalier de Whitworth : *Commerce de la Grande-Bretagne et tableaux de ses importations et exportations progressives depuis l'année 1697 jusqu'à la fin de l'année 1773* (1). Quoi qu'il en soit, dès 1716, le bureau de la balance du commerce établi en France confectionna des relevés annuels comprenant le commerce avec les États de l'Europe et leurs possessions, le commerce des pays indépendants hors d'Europe, le commerce des colonies françaises, le commerce de l'Extrême-Orient. Mais ces diverses parties n'ont pas toujours été recueillies et totalisées dans les relevés ; de là des difficultés pour comparer entre eux les documents se

---

conventions commerciales avec la France. V. Arnould t. I, p. 185 et suiv. t. II, p. 116, et Atlas, tableau, n° 3.

1. Pour le commerce franco-anglais en 1686-1716 et 1787 voir tableau, n° 3. Atlas d'Arnould. M. Levasseur dans son *Histoire du Commerce* (p. 404 et 405) cite d'autres chiffres d'après les auteurs anglais William Petty et Fortrey.

rapportant à diverses années. Les quantités seules étaient déclarées par les négociants ; les valeurs fournies ensuite par les Chambres de commerce ne correspondaient pas exactement à la réalité.

M. Pallain, dans son ouvrage *les Douanes françaises* (1), caractérise bien ces premières publications statistiques.

Les documents destinés à constater le mouvement commercial étaient à l'origine dressés sous l'impression des préjugés qui portaient les gouvernements à incliner les faits, devant le désir de constater des résultats qui fissent honneur à leur administration, chacun d'eux cherchant à prouver que la balance du commerce lui était favorable. Le succès obtenu à cet égard de part et d'autre était une preuve du peu d'exactitude des chiffres présentés.

En somme le principal résultat visé à cette époque, c'était l'obtention d'une balance de commerce favorable. L'examen des théories qui avaient cours sortirait du cadre de notre étude, mais si l'on veut se reporter à la *Balance du commerce* d'Arnould (2), à l'*Encyclopédie méthodique* de Diderot et d'Alembert (3), à l'*Administration des finances de la France,*

---

1. T. I, p. 728, § 1222.
2. T. Ier, 1re partie.
3. Ed. 1783 : Article *Balance du commerce*. Dans cette même *Encyclopédie* on trouve (t. II, p. 350) un très curieux « État général de toutes les marchandises dont on fait commerce à Marseille avec l'explication de leur qualité, à quoi

de Necker (1), on en aura une idée assez exacte.

Le bureau dirigé par Grandval fut l'objet des critiques de Dupont, de Nemours. Pour en tenir compte, Trudaine fit ajouter aux états particuliers, à partir de 1756, sous le titre « Objets généraux », des résumés d'ensemble. En 1781, Necker réorganisa le service et quatre années plus tard institua le bureau de la « balance du commerce » qui fut placé en dehors de la ferme générale. Le chef de ce bureau fut Arnould qui devait, quelques années plus tard, publier sa *Balance du commerce* (2).

A la veille de la révolution (1788) les négociants ou leurs correspondants qui opéraient aux douanes frontières des entrées et sorties de marchandises libellaient des déclarations sur les registres originaux de douane. Ces déclarations, datées et signées, indiquant l'espèce de produit, le poids brut et net (ou la contenance pour les liquides), la valeur et le

---

elles servent, de quels lieux elles viennent en ladite ville, si c'est par mer ou par terre, brutes ou fabriquées, quelle quantité par estimation il en vient dans une année commune, quelle en est la valeur à Marseille et en quels lieux s'en fait la consommation ». M. Masson, dans son *Histoire du commerce du Levant au* XVIIe *siècle*, a publié d'autres chiffres se rapportant au même objet. Ces derniers sont basés soit sur les baux des fermes (les droits variant de 1 à 3 o/o), soit sur les comptes de la recette du *cottimo* (somme fixe payée par genre de navire, quelle que fût la valeur du chargement).

1. T. II, chap. III, 1784.

2. Titre exact : *De la Balance du commerce et des relations commerciales extérieures de la France dans toutes les*

lieu d'origine français (porté en général sur un acquit à caution qui accompagnait la marchandise) étaient relevées sur deux registres l'un pour l'importation, l'autre pour l'exportation (voir dans Arnould, t. II, p. 127 et suivantes des modèles). Ces registres d'importation et d'exportation formaient la base des renseignements du bureau de la balance du commerce. En dehors d'Arnould on possède une statistique de Bruyard (chef du bureau de Grandval en 1756), citée par le Dr Lohmann à l'Académie de Berlin (séance du 22 décembre 1898). M. Levasseur qui a retrouvé à la Bibliothèque nationale, outre les manuscrits d'Arnould et de Bruyard, un troisième travail donnant la balance du commerce de 1716 à 1772 constate que toutes ces données diffèrent. Et l'on s'explique ces discordances si l'on considère que les informations n'ont pas toujours été prises de la même façon. Les faits auxquels elles se rapportaient ont changé ; la division de la France en zones douanières compliquait singulièrement la besogne, nous l'avons déjà dit. Mais à la lecture attentive du livre d'Arnould et particulièrement du chapitre intitulé : *Les motifs d'accorder toute confiance aux renseignements sur le commerce de la nation française recueillis et combinés pour former les bases de cet ouvrage* (t. II,

---

parties du globe à la fin du règne de Louis XIV et au moment de la Révolution, 1re édition, 1791 ; 2e édition, 1795, 2 vol. in-8 et un atlas.

p. 109), on reconnaîtra avec M. Levasseur (1), M. Fernand Faure (2), M. de Foville (3) que sa statistique est préférable à celles des autres.

Certes, elle est loin d'avoir la précision et l'étendue des statistiques actuelles. Les marchandises sont groupées sous des rubriques très disparates : bois de toute nature, métaux, charbon de terre, brai, goudron, suif, graines et autres productions brutes de la terre, voilà un article du tableau n° 2 ; les autres sont à l'avenant. Les quantités ne sont pas indiquées, mais seulement les valeurs établies au cours du jour (les tableaux n° 10, 11 et 12 renferment cependant une valoration au cours de 1788 pour les périodes allant de 1716 à 1788). Comme, d'autre part, Arnould a, dans les deux volumes précédant l'atlas, développé dans un style

---

1. *Histoire des classes ouvrières*, t. II, p. 545. Dans son *Histoire du Commerce* (p. 510). M. Levasseur précise les raisons de ses préférences. Le relevé de Bruyard ne comprend pas le commerce des Indes. De plus il a inscrit les livres tournois suivant les cours de chaque époque. Arnould les a exprimées en livres tournois à la taille de 54 au marc qui était le taux légal depuis la refonte de 1785. Les chiffres donnés par Necker ne concernent que les provinces des cinq grosses fermes. V. aussi dans le même ouvrage les p. 511 à 518.

2. *Les Précurseurs de la société de statistique*, par Fernand Faure, 1909.

3. *Bulletin de statistique et de législation comparée*, année 1893. — *Le commerce extérieur de la France depuis 1716*, vol. XIII.

parfois un peu pompeux, rappelant la phraséologie de la période révolutionnaire, des considérations variées sur la balance du commerce (il en donne sept définitions), il complète le tableau du mouvement commercial global par d'autres éléments. Nous citerons le tableau du tonnage des bâtiments français et étrangers employés dans le commerce maritime (tableau n° 5), la comparaison du mouvement des marchandises dans les diverses généralités maritimes, frontières et intérieures (n° 6, 7, 8 et 9), les emprunts et les revenus de la monarchie à diverses époques (n° 14), le tableau comparatif de la population et des contributions (n° 15) et enfin les variations des cours du blé de froment de 1643 à 1788 (n° 16). Ces observations faites, il demeure que nous sommes en présence de la première statistique sérieuse de notre commerce extérieur (1).

Comme conclusion, Arnould souhaitait la création d'un « ministère qui fut uniquement et spécialement chargé de l'agriculture, du commerce et des arts » (t. II, p. 103). Ce ministère « rassemblerait dans un dépôt général tous les éléments susceptibles d'être classés dans les archives du commerce ». La

---

1. La statistique fut mise à contribution pour critiquer le traité de commerce couclu en 1786 avec l'Angleterre. Ce traité fut du reste dénoncé par Chauvelin, ambassadeur de France le 12 janvier 1793 (Levasseur. *Histoire du Commerce*, p. 544 à 546).

Révolution devait adopter en partie les conclusions d'Arnould : après avoir supprimé les traites à l'intérieur (loi du 5 novembre 1790) et établi un régime douanier uniforme pour tout le pays (tarif du 15 mars 1791), l'Assemblée constituante substitua en 1792 le bureau des archives du commerce à celui de la balance du commerce. Une circulaire des régisseurs des douanes qui avaient succédé aux fermiers généraux (circulaire du 17 janvier, 1792) mérite d'être signalée. Nous nous bornerons à citer ses passages saillants. Après avoir exposé le rattachement au ministère de l'Intérieur « de tout ce qui a rapport au commerce général du royaume » et le remplacement du bureau de la balance du commerce par celui des archives du commerce, bureau qui doit rassembler à tous les documents politiques qu'il lui sera possible de recueillir sur l'étendue et les mouvements de nos relations commerciales », la circulaire précise le concours des douanes à ces travaux et insiste sur le rôle important qui leur incombe.

Les opérations du bureau des archives du commerce doivent être à l'égard de la nation ce qu'est pour un négociant son grand livre ou son bilan qui lui présente la situation de ses affaires à des époques les plus rapprochées... Le Ministre de l'Intérieur a pris l'engagement de présenter au Corps législatif, dans le mois de juin de chaque année, le tableau complet et raisonné des différentes branches de l'industrie agricole ou manufacturière... ; l'Assemblée Nationale désire même que ce ministre l'entretienne fréquemment de la situation où se trouvent à certaines époques ces sources importantes de la prospérité publique, bien assurée que son attention développera en France cet esprit de combinaison qui a tant contribué à l'agrandissement de plusieurs nations.

Puis les régisseurs des Douanes entrent dans les détails de la confection des états mensuels d'importation et exportation et des mesures de contrôle qui assureront la marche régulière du travail avec exactitude et célérité. En terminant, la circulaire semble placer au premier plan des occupations des douanes la statistique commerciale.

Jusqu'à présent, l'esprit de système est parvenu à faire établir en question si les Douanes étaient véritablement utiles à la prospérité d'un grand empire ; cette question... sera bientôt résolue quand le ministre viendra déposer périodiquement dans l'Assemblée Nationale des résultats politiques puisés dans les livres mêmes de la régie, résultats qui établiront que chez un peuple éclairé l'organisation des douanes n'est qu'une institution bienfaisante, destinée à former le niveau entre toutes les branches de l'industrie agricole et manufacturière, et propre à faire tourner constamment les profits du commerce extérieur à l'avantage du commerce national.

Le ministre de l'Intérieur Roland présenta à la fin de 1792 un rapport accompagné de tableaux faisant connaître les importations et les exportations de France pendant le premier semestre de 1792. Pour permettre des comparaisons, ces tableaux étaient précédés d'une évaluation du commerce extérieur pour une année moyenne de 1787 à 1789.

Le bureau des Archives du Commerce, qui avait été rattaché au Ministère de l'Intérieur lors de sa création, ne tarda pas à être réuni aux autres bureaux de la Régie des Douanes à la suite d'une compréhension plus exacte de son rôle. (Décret du 21 septembre 1793). Chaque année, sauf en 1793, 1794 et 1795, il envoya un rapport au Ministre, mais il ne publia rien. Le moment était du reste trés mal choisi pour parler d'échanges extérieurs, la République française se trouvant en guerre avec toutes les nations voisines. On essaya d'abord de prescrire l'affichage journalier dans chaque bureau des états de la balance du commerce. Les lois des 26 frimaire et 7 ventôse an II contenaient des dispositions dans ce sens. Le décret du 28 octobre 1793 (brumaire an II) était même particulièrement précis dans son article 2.

Dans tous les bureaux de douane les préposés seront tenus sous peine de destitution d'afficher chaque jour l'état des denrées et marchandises entrées ou sorties de la veille ; cet état indiquera les poids, nombres, mesures et évaluations et réunira en un seul article les objets de même espèce avec le montant des droits perçus sur chaque article.

Mais il est probable que l'on se rendit vite compte de l'inutilité de cette besogne étant donné l'état de guerre général. La loi du 8 thermidor an III rapporte toutes les prescriptions concernant l'affichage des États de commerce. Il faut arriver à l'an V, alors que la paix commence à renaître, pour retrouver dans les circulaires des régisseurs des douanes, à qui nous empruntons ces détails, trace de préoccupations concernant la statistique du commerce extérieur. C'est d'abord la circulaire du 22 ventôse an V (12 mars 1797) qui insiste sur l'importance de cette dernière :

> Les états d'importation et d'exportation sont sans objet s'ils sont sans exactitude, et leur dépouillement devient impossible s'ils manquent d'ordre.

Puis suivent des détails sur la confection des états et leur contrôle par les employés supérieurs. La circulaire du 23 germinal an V (12 avril 1797) sur l'organisation générale du service des douanes prévoit 8 commis pour la balance du commerce aux appointements de 2.400 livres. Le 16 brumaire an VI (6 novembre 1797) il est prescrit de distinguer les marchandises de prise, entreposées et admises en transit. Ces instructions durent rester lettre morte, car le 26 frimaire an VIII (17 décembre 1799) elles sont rappelées et l'on signale leur inobservance par certains receveurs. Entre temps, la loi du 24 nivôse an V établit un « droit de balance » assez analogue à notre droit de statistique actuel, et comportant comme lui nombre d'exceptions qui motivèrent plusieurs circulaires.

Nous avions pensé un instant que François de Neufchâteau, ministre de l'Intérieur vers cette époque (du 28 messidor au 24 fructidor an V et du 29 prairial an VI au 4 messidor an VII), s'était occupé de la statistique du commerce extérieur. Ses nombreuses tentatives pour la recherche de renseignements statistiques nous avaient laissé espérer pouvoir glaner dans ses deux volumes de lettres, circulaires, instructions et programmes (1). Mais no e attente a été trompée. Il nous a même semblé que le ministre de l'Intérieur ignorait le bureau des archives de commerce. Le 24 fructidor an VI, lorsqu'il prodigue des encouragements pour développer le commerce de la France avec l'Espagne, il se réfère pour nos exportations à des chiffres remontant à 1784 et à 1787 (2). Il est vrai qu'il y avait eu de 1793 à 1795 l'état de guerre entre les deux pays et que, d'autre part, malgré le mot légendaire de Louis XIV, les communica-

1. *Recueil des lettres, circulaires, instructions et programmes, etc., émanés du comte François de Neufchâteau.* Paris, an VII, 2 vol. avec une table chronologique.

2. T. I, p. 156.

tions à travers les Pyrénées n'étaient pas très commodes. Nous voyons du reste le même François de Neufchâteau appeler l'attention sur ce dernier point.

Il faut arriver au Consulat pour retrouver des renseignements officiels sur le commerce extérieur. En l'an VIII et X, Chaptal soumet aux consuls un travail à ce sujet. Napoléon, qui considérait la statistique comme « le budget des choses », fait comprendre dans les exposés de la situation de l'empire des aperçus sur le commerce extérieur (1).

---

1. V. dans le numéro de janvier 1893 du *Bulletin de statistique et de législation comparée*, en tête de l'article de M. de Foville, la liste des travaux permettant de compléter les chiffres d'Arnould pour les années 1787 à 1789, 1792-1797 à 1826.

Malgré les sentiments de Napoléon à l'égard de la statistique, il ne semble pas qu'elle ait tenu une très grande place dans les préoccupations des douanes d'alors.

La collection des circulaires émanant de Collin de Sussy, le premier directeur général des douanes (il fut nommé le 16 septembre 1801 et à partir du 29 septembre les régisseurs ne furent plus en nom dans les circulaires), ne nous montre que très peu de documents sur la balance du commerce. Et les successeurs de Collin de Sussy continuèrent ses traditions. Si l'on excepte les communications ayant trait au droit de balance ou au mouvement des grains, on ne rencontre pendant toute la durée de l'empire que de rares allusions aux états du commerce extérieur. Les guerres politiques et économiques suffisaient pour attirer l'attention de la douane. Cependant, le 19 mars 1803 il est recommandé aux directeurs de veiller à la confection des états de balance. « On ajoutera à chaque état la notice du prix courant des denrées coloniales dans les différents ports d'arrivée. » Il faut croire que l'on ne

Sous la Restauration on publia les tableaux du commerce extérieur (les chiffres remontent à l'année 1819) ; mais dans cette période de tâtonnements il ne faut accueillir qu'avec réserve les éléments fournis. Le tableau de l'année 1820 semble ne renfermer qu'une série de renseignements financiers sur le revenu des douanes. Seules les marchandises qui ont donné un revenu douanier supérieur à 3.000 fr. y sont expressément dénommées ; celles qui ont produit un revenu moindre sont sommairement groupées ; quant à celles ayant bénéficié de l'exemption elles ne sont pas mentionnées. Enfin, il n'est fourni aucune estimation des valeurs. Ce n'est pas d'ailleurs sans lutte que l'on se décida à cette publication : en 1823, la droite de la Chambre des députés voulut, à propos du tarif des douanes, instituer un comité

---

tint guère compte de ces instructions, puisque le 9 mars 1804 le directeur général se plaint de l'inexécution de ses ordres. « Des receveurs subordonnés n'ont formé ni remis à leur principalité aucun relevé de commerce, quoiqu'il se fût effectué des importations et exportations par leur bureau. » Les bureaux principaux sont accusés d'avoir falsifié leurs chiffres pour faire cadrer les importations et les recettes encaissées au titre de droit de douane. Une des dernières circulaires que nous avons rencontrées, celle du 26 octobre 1807, éclaire d'un jour particulier le rôle des archives du commerce. Cette circulaire prescrit des relevés trimestriels du commerce extérieur et indique que « les états mensuels du commerce sont, après vérification, transmis immédiatement au bureau de la balance établi près le ministère de l'Intérieur ».

d'enquête chargé de rechercher si les objets importés en France étaient d'une nécessité indispensable comme matières premières. Le ministre posa la question de confiance et fit rejeter la motion ; néanmoins on entra dans la voie qui avait été indiquée et c'est à cette circonstance que nous devons les publications annuelles du commerce extérieur (1). D'importants changements furent opérés dans les tableaux après 1825, et depuis 1827 la France possède des éléments précis de comparaison avec les années postérieures.

Nous avons vu que les statistiques anglaises basaient la valeur des marchandises sur le « livre des prix ». Nous terminerons en exposant sommairement les quelques modifications qui ont été apportées à ces statistiques à la fin du XVIIIe siècle et du début du XIXe. En 1798, le Parlement ayant frappé d'un droit à l'exportation (*convoy duty*) les marchandises de production ou de fabrication anglaise, la loi imposa aux expéditeurs l'obligation d'indiquer la valeur réelle et punit d'une amende les fausses déclarations. Depuis 1805, les marchandises exportées sont relevées d'après les valeurs déclarées contrôlées (2). En 1854 seulement, l'on arriva au même

1. V. Levasseur, *Aperçu de la statistique comparée du commerce extérieur*, 1906.

2. Toutefois, jusqu'en 1854, les valeurs officielles furent placées en regard.

résultat pour les importations et encore partiellement (1).

Nous voici arrivé à l'exposé des statistiques modernes. Nos recherches historiques se sont limitées à la France et à l'Angleterre, d'abord parce que ces deux pays ont été les premiers à posséder une statistique du commerce extérieur, ensuite parce que les autres nations ou n'étaient pas encore constituées au XVIIIe siècle (Allemagne, Italie, Belgique) ou n'avaient pas atteint le degré de centralisation administrative ni surtout l'ensemble des idées théoriques nécessaires pour tenter des efforts dans cette voie (Autriche-Hongrie, Russie, Espagne, Suisse).

---

1. Nous devons à l'obligeance du *Board of trade* de pouvoir signaler les « tarifs douaniers du Royaume-Uni de 1800 à 1897 » qui donnent (p. 46 à 51) la valeur des importations et exportations de l'Angleterre de 1699 à 1778, de la Grande-Bretagne de 1779 à 1800 et du Royaume-Uni de 1801 à 1896. Ce même volume indique le commerce étranger de l'Irlande de 1772 à 1822, p. 36 à 38.

CHAPITRE II

LES STATISTIQUES COMMERCIALES ACTUELLES

A. — France

La statistique du commerce extérieur est régie en France par des instructions administratives dont la plus importante est celle du 2 juin 1894 (circulaire 2418 de l'administration des douanes). C'est évidemment un système beaucoup plus souple que celui résultant de la loi, mais qui comporte la dépendance très étroite de la statistique et de l'autorité administrative et l'absence de sanctions légales à l'égard du public. Cela est si vrai en France que les indications exigées pour la confection des relevés statistiques ne sont obtenues qu'en vertu des lois des 22 août 1791 (tit. II), 4 germinal an II, 28 avril 1816, qui visent la déclaration en douane. La statistique se présente donc comme accessoire à la perception des droits et le douanier français, comme le fait remarquer M. Yves Guyot (1), n'est pas un statisti-

1. *Le Commerce et les commerçants*, liv. VII, chap. I, p. 290 et suiv.

cien. « C'est un agent fiscal et la fiscalité seule le préoccupe. » L'administration des douanes l'a d'ailleurs compris puisqu'elle a fait voter l'article 19 de la loi du 16 mai 1863 qui porte que :

L'exemption des droits, soit à l'entrée, soit à la sortie, ne dispensera pas de faire aux douanes les déclarations prescrites par la loi selon les spécifications et unités énoncées au tarif général sous peine de 100 francs d'amende à défaut de déclaration ou en cas de fausse déclaration.

Nous ferons remarquer, dès à présent : 1° que ce texte s'abrite derrière le tarif général ; 2° que dans la pratique l'article 19 n'est presque jamais appliqué. Il y a là vérification de l'adage d'Horace : « Que font les lois sans les mœurs. » D'autre part il est certain que le personnel des douanes actuel ne suffirait pas pour appliquer strictement la loi de 1863.

La déclaration en douane doit contenir la nature des marchandises (d'après les termes du tarif), les quantités (poids, mesure, nombre, valeur) nécessaires pour l'application des droits, le pays d'origine et en marge les marques et numéros des colis. Elle est écrite sur une formule réglementaire, datée et signée, et mentionne en tête le pays d'expédition, l'adresse du destinataire (ce dernier renseignement pour les frontières de terre seulement) et le mode de transport. C'est en cela que se résument toutes les obligations des déclarants.

Le règlement de douane connu sous le nom d' « Observations préliminaires du tarif », indique bien que (1) :

Lorsque des produits d'espèces analogues sont réunis dans la classification du tarif sous une dénomination commune (telle que autres ou non dénommées), les déclarations doivent indiquer, indépendamment de la classification du tarif, la dénomination commerciale du produit.

Mais cette prescription demeure trop souvent lettre morte, car la seule sanction est la vérification intégrale et le complément de la déclaration par l'employé des douanes. Cette déclaration, d'ailleurs, peut être soit admise par le vérificateur, soit contrôlée. Il va sans dire que le contrôle est guidé par la fiscalité. Lorsque celle-ci n'est pas en cause (marchandises exportées en simple sortie) ou peut accidentellement être en cause (marchandises exemptes) (2), la valeur des données de la déclaration est relative. Il est vrai qu'un autre élément peut légèrement contre-balancer ces tendances, c'est le droit de statistique. Les marchandises exemptes ou payantes, importées ou exportées, sont assujetties à un droit de 0 fr. 15 par colis, tonne ou tête (sous réserve des exceptions prévues par la loi du 8 avril 1910 et insérées au décret du 14 mai suivant). Comme

1. P. 55.

2. Ces marchandises pourraient être sujettes à des droits.

cette taxe de statistique, qui en principe est destinée à couvrir les frais des publications sur le commerce extérieur, est en réalité un second tarif, beaucoup plus complet que le premier (1), on retrouve ici un intérêt fiscal qui peut se rencontrer avec le souci de l'exactitude des statistiques.

Les déclarations rassemblées dans chaque bureau de douane sont dépouillées (on en extrait les renseignements exigés pour les statistiques). Chaque mois les bureaux subordonnés et particuliers envoient aux bureaux principaux des relevés dont ces derniers font le groupement. Le résultat de ce travail sert au bureau central de la statistique commerciale pour établir ses publications mensuelles et annuelles.

Pour mieux préciser l'objet de notre examen, nous envisagerons séparément les divers points de vue suivants : territoire dont on relève les échanges, période de temps considérée, séries de marchandises (nomenclature, poids et quantités, valeurs), classement des opérations (opérations non relevées ou relevées d'une manière particulière, commerce général et spécial, provenances et destinations. Enfin, après un aperçu sur les publications officielles, nous donnerons quelques renseignements sur les statistiques de l'Algérie et des colonies françaises.

---

1. Nous voulons dire par là qu'il existe moins de marchandises exemptes de droits de statistique que de droits de douane.

Territoire

Le tableau du commerce extérieur de la France embrasse la France continentale, la Corse et les autres îles du littoral d'une part, les pays étrangers, l'Algérie, les colonies françaises, les pays de protectorat français et la grande pêche d'autre part. Sont considérés, au point de vue douanier, comme étrangers, l'arrondissement de Gex (traité du 20 novembre 1815, article premier, § 3, et loi de finances du 29 mars 1897, art. 7) et la partie du département de la Haute-Savoie fixée par le décret-loi du 12 juin 1860 (art. 2 et 3), modifié par la loi du 30 mars 1899. Ces deux territoires font l'objet d'un compte spécial intitulé « zones franches ». D'autre part, les produits originaires des zones frontières qui, en vertu de conventions intervenues entre la France et les pays limitrophes (Allemagne, traité de Francfort, 11 décembre 1871, art. 12. — Suisse, convention du 23 février 1882, art. premier. — Italie, traité du 7 mars 1861) bénéficient de franchises ou de modérations de droits sont relevés néanmoins dans les tableaux statistiques au même titre que les autres marchandises originaires de ces mêmes pays.

Temps. — Les relevés sont mensuels et la publication générale se rapporte à l'année civile qui est en même temps l'année budgétaire. Le fait de cette coïncidence a même été mis en avant pour s'opposer au changement de la date d'ouverture de cette année budgétaire.

Séries de marchandises. — Les marchandises sont classées d'après une nomenclature spéciale. Cette nomenclature qui comprend 1313 numéros à l'entrée et 1.302 à la sortie (1) suit le tarif, mais est plus détaillée que celui-ci qui n'a que 34 chapitres et 654 numéros (il est vrai que certains de ces numéros embrassent plusieurs articles relevés distinctement dans le tableau annuel et que, par ailleurs, les numéros *bis*, *ter* et même *quinquiès* ne sont pas rares). Il y a là quelques chances d'erreur dans le dépouillement lorsque par exemple une série d'articles taxés au même chiffre et groupés au tarif en un même paragraphe fait l'objet de spécifications statistiques (V. par exemple l'art. 525 *bis* : *Mécanique générale*). D'autre part le tarif français est basé sur la division en matières animales, végétales, minérales et fabrications. Voici la liste de ses chapitres.

Matières animales

Animaux vivants.
Produits et dépouilles d'animaux.
Pêches.
Substances propres à la médecine et à la parfumerie.
Matières dures à tailler.

Matières végétales

Farineux alimentaires.

1. La nomenclature comportera 1.488 numéros à partir de 1911. Elle a été mise en harmonie avec la revision douanière du 29 mars 1910.

Fruits et graines.
Denrées coloniales de consommation.
Huiles et sucs végétaux.
Espèces médicinales.
Bois communs.
Bois exotiques.
Fruits, tiges et filaments à ouvrer.
Teintures et tanins.
Produits et déchets divers.
Boissons.

Matières minérales

Pierres, terres et combustibles minéraux.
Métaux.

Fabrications

Produits chimiques.
Teintures préparées.
Couleurs.
Compositions diverses.
Poteries, verres et cristaux.
Fils, Tissus.
Vêtements et lingerie.
Papier et ses applications.
Peaux et pelleteries ouvrées.
Bijouterie, horlogerie.
Ouvrages en métaux.
Armes, poudre et munitions.
Meubles et ouvrages en bois.
Instruments de musique.
Ouvrages de sparterie, de vannerie, de corderie.
Ouvrages en matières diverses.

Les métaux précieux (or, argent brut et monnaie) et les monnaies de billon ayant cours sont relevés à part, à la fin de la nomenclature.

Dans les résumés généraux, les marchandises sont groupées en raison de leur espèce ou de leur emploi en trois subdivisions :

Objets d'alimentation signalés dans les états de développement par le signe ★.

Matières nécessaires à l'industrie signalées dans les états de développement par le signe +.

Objets fabriqués signalés dans les états de développement par le signe O.

La nomenclature détermine les unités (tonne, quintal métrique, kilogramme, hectogramme, gramme, paire, pièce, etc.) d'après lesquelles sont établis les relevés. Parfois on indique la mesure, la valeur déclarée. Pour un certain nombre de marchandises (bestiaux et boissons) l'administration des douanes a fixé des taux de conversion en poids.

A l'importation on suit les règles du tarif et les marchandises taxées au brut — c'est-à-dire sujettes à un droit de 10 francs ou moins — exemptes, taxées autrement qu'au poids et n'ayant pas de taux de conversion — sont dépouillées au brut, tandis que celles taxées au net — c'est-à-dire payant plus de 10 francs ou spécialement désignées — le sont au net. A l'exportation le poids brut sert de règle; l'administration pour avoir le poids net, se réserve de faire application des tares fixées par la commission des valeurs. Le transit est relevé d'après le poids brut puis l'on déduit la tare légale. Les admissions temporaires figurent à l'entrée et à la sortie d'après le poids net. Exceptionnellement certaines marchandises sont inscrites au brut et au net (tissus de soie par exemple).

En raison de l'écart généralement peu considérable qui existe entre le poids brut et le poids net, l'administration admet que pour la détermination du tonnage total il ne soit tenu compte que du poids net lorsque c'est ce dernier facteur qui a servi de base à la liquidation des droits. (Instruction concernant l'établissement des relevés statistiques des douanes, 1894, p. 46.)

Valeurs. — Nous venons de voir que diverses unités étaient employées dans les relevés statistiques pour indiquer les quantités de marchandises. Mais, comme le dit M. Pallain,

les quantités, en raison des unités différentes qu'elles représentent et des produits d'espèces diverses auxquelles elles se rapportent, ne sauraient être additionnées ensemble. Il leur faut une mesure commune qui n'existe et ne peut exister que dans la détermination des valeurs.

La détermination des valeurs, voilà bien sans contredit l'œuvre maîtresse de la statistique douanière (1) !

1. Le professeur Coletti, dans un article du *Giornale degli Economisti* (février 1904), prouve bien l'insuffisance du relevé des quantités qui rassemble les éléments les plus disparates. « Sans la valeur des marchandises il ne nous est pas possible de comprendre l'importance du pouvoir d'échange de l'exportation en bloc et des exportations particulières comparées aux importations en bloc et aux importations particulières... Les marchandises exportées ou importées qui sont relevées seulement par la quantité, ou sont une mesure fausse du pouvoir d'acquisition, ou sont données sans âme. Elles restent privées du lien naturel qui les réunit et les fait vivre avec une physionomie et une force propre, et il en est de même pour la vie économique des pays qui se trouvent entre eux dans un rapport d'échange ». Et Coletti s'élève contre Pierson qui, au Congrès d'Anvers (1894), proposait de se borner à relever les quantités de marchandises. Il montre que la valeur permet de connaître les rapports de la balance des paiements d'un pays (étudiés par le même Pierson dans

La balance d'Arnould ne comportait que les valeurs. Un travail fut entrepris en 1792 par l'ordre et sous la direction de Roland, ministre de l'Intérieur, et il s'en servit pour le tableau qu'il produisit à la Convention. Les valeurs étaient soit celles portées aux déclarations pour les marchandises taxées à la valeur, soit celles résultant de mercuriales ou de renseignements particuliers. Les termes de ces prix, du plus haut au plus bas, suivant les qualités, étaient placés dans une des colonnes des résultats généraux ; on calculait un prix moyen qui servait à valorer. Les premiers tableaux du commerce extérieur (celui de 1820 par exemple) ne contiennent que les quantités...

L'administration, dit Natalis Rondot, reconnut bientôt l'avantage de créer une sorte de langue commune, propre à faciliter les moyens de mieux s'entendre à ceux qui s'occupent de matières commerciales (1).

Jusqu'en 1826, la douane recueillit officieusement des renseignements auprès du commerce et de l'industrie, et s'en servit pour faire des estimations. Ces estimations faussées par l'esprit de système — on

---

les *Problèmes fondamentaux actuels de l'Economie et des Finances*). Patten, dans *La Base économique de la protection*, préconise également l'emploi de la statistique des valeurs échangées « pour conserver le peuple dans une situation dynamique »

1. *Dictionnaire universel théorique et pratique du commerce*. Guillaumin, 1859 Article : *Commission des valeurs*.

voulait présenter une balance favorable — soulevèrent des critiques (1).

L'ordonnance du 11 janvier 1826 institua une commission spéciale composée de commerçants et de manufacturiers pour arrêter un tableau définitif des évaluations. Les valeurs moyennes, dites *valeurs officielles*, ainsi arrêtées, servirent de règle pour les évaluations statistiques du commerce extérieur (ordon. du 29 mars 1827) ; mais les inconvénients inhérents à ce mode d'opérer ne tardèrent pas à apparaître et dès son établissement en France, le système des valeurs officielles était suspect à Natalis Rondot. Dans l'avertissement placé en tête du tableau de 1822, l'administration des douanes semblait prévoir le mode qui fut adopté plus tard et qui consista à conserver les évaluations admises en premier lieu (taux officiels permanents) et à présenter en regard les valeurs courantes (taux officiels annuels). Plus tard, en 1826, elle signalait exactement le rôle des valeurs officielles.

Ces évaluations ne sont point données comme irréfragables : la nature des choses s'y refuse... il faudra, toujours se contenter, pour beaucoup d'articles au moins, d'une sorte

1 *Journal des Économistes*, 1849, t. XXIII. Article de Natalis Rondot.

de fiction convenue, au moyen de laquelle on puisse comparer d'époque en époque le cours des échanges (1).

Vers la fin de 1847, devant diverses protestations (Joseph Garnier, dans le *Journal des Économistes*. Discussion du budget de 1848) signalant des discordances profondes entre les valeurs officielles et les valeurs réelles (2), une nouvelle étude de la question fut entreprise au ministère des Finances. Cette étude devait imposer tôt au tard

Beaucoup de produits qui, en 1826, étaient enregistrés au poids net, en raison de la quotité de la taxe dont ils étaient frappés, se trouvaient relevés au poids brut depuis qu'ils étaient admis en franchise ou à des droits réduits, et comme le taux des valeurs officielles n'avait pas varié, les bases d'estimation pour le rapprochement à faire avec les années antérieures se trouvaient radicalement faussées. En outre, de nombreuses catégories de marchandises prohibées avaient cessé de l'être et avaient dû recevoir des valeurs spéciales qui, dans le système des valeurs officielles, manquaient de tout terme de comparaison (3).

On décida donc :

1° De maintenir les valeurs officielles comme

---

1 Pallain, *Les Douanes francaises*, t. Ier, p. 752 en note.

2. Pour les seuls tissus de coton il y avait une différence de 90 millions de francs.

3. Y. Guyot et Raffalovitch, *Dictionnaire du commerce* 1901. Article : *Valeurs en douane*. Signé : Pallain.

moyen de comparaison avec les années antérieures;

2° D'inscrire chaque année les prix actuels d'un nombre limité de produits ;

3° De demander aux Chambres de commerce les éléments de cette revision ;

4° De charger une commission spéciale comprenant des parlementaires, des fonctionnaires des finances et du commerce, des négociants et fabricants, de coordonner ces éléments et d'établir les valeurs.

Cette dernière commission arrêta le 24 août 1848 une nomenclature des *valeurs actuelles*. Natalis Rondot nous donne un résumé très fidèle de ses travaux.

La valeur dite *actuelle* représente la moyenne des prix pendant l'année entière du produit ou du groupe de produits auquel elle se rapporte. Il y a un certain nombre de désignations du tarif qui sont devenues par la force des choses une sorte de fiction convenue.

Tandis qu'en 1826 on avait, pour l'importation, choisi comme valeur le prix au lieu de production, en 1848 on ajouta au coût de la marchandise à l'étranger le transport par terre ou par mer, les frais et bénéfices divers. De même, à l'exportation, en 1826. on comptait le prix au lieu de fabrication, en 1848 on se basait sur la valeur au point de sortie.

Un arrêté du 13 décembre 1848 déclara la commission des valeurs *permanente*, et lui donna mission de fixer chaque année le prix moyen des principales marchandises qui lui seraient désignées par le département du commerce, de concert avec l'administration des douanes.

De 1847 à 1861, pour permettre les rapprochements avec les années antérieures, on maintint, dans les publications que fit paraître l'administration, la double indication des valeurs officielles et des valeurs actuelles. Cette comparaison était d'ailleurs fort inexacte pour les raisons que nous avons données plus haut : marchandises changeant de base de dépouillement et passant du brut au net, produits dont la prohibition avait été remplacée par des droits. Aussi depuis 1861 les tableaux du commerce extérieur ne présentent plus que les valeurs actuelles.

D'après le dernier tableau du commerce extérieur, la commission permanente des valeurs se compose :

1° D'un président ;

2° D'une section administrative de sept membres (le directeur général, un administrateur des douanes et le chef du bureau de la statistique commerciale, un ou deux représentants du ministère du Commerce, un représentant du ministère des Affaires étrangères, un auditeur au Conseil d'État) ;

3° De quatre sections dites commerciales ou industrielles ;

4° De membres honoraires qui, quoique ne participant plus au travail régulier de la commission à raison de leur âge, ou de tout autre motif, peuvent être convoqués par la commission. (Décision du 24 octobre 1868.)

La section administrative s'occupe de la direction et de la centralisation du travail. C'est elle qui transmet les demandes de renseignements des sections commerciales et industrielles aux Chambres de commerce, aux Chambres consultatives des arts et manufactures, à l'administration des douanes, etc., et les réponses faites à ces demandes. Elle prépare les éléments des évaluations (rédaction des procès-verbaux, centralisation des rapports des sections) et présente au ministre le rapport général qui fixe les valeurs arbitrées.

Les quatre sections commerciales et industrielles sont plus spécialement affectées aux évaluations. Elles se partagent de la manière suivante les marchandises alimentant notre trafic extérieur : la première a les produits les fermes, denrées et produits exotiques ; la deuxième, les bois, matières minérales et produits métallurgiques ; la troisième, les matières textiles, fils et tissus (avec cinq comités : soie, laine, coton, lin, chanvre et jute, tulle, passementerie, bonneterie et vêtements) ; la quatrième, les matières de fabrication et objets fabriqués divers.

En dehors des évaluations, ces sections font connaître les variations des prix, les causes déterminantes de ces variations, les proportions et les causes de hausse et de baisse, les progrès et les ralentissements du travail intérieur.

La valeur moyenne de toute marchandise doit représenter pour les articles d'importation, le prix au net à l'arrivée dans les ports et bureaux frontières de France non compris les droits de douane et, pour les exportations, le prix également au net dans nos ports ou sur nos frontières, déduction faite de tout droit de sortie ou de transit. (Obs. en tête de la feuille de travail des commissaires.) M. Pallain complète la définition de la valeur à l'entrée en indiquant « déduction des taxes intérieures ainsi que des escomptes et usances adoptées par le commerce ». C'est en somme ce que l'on appelle en droit commercial la valeur c. a. f. (*coût, assurance, fret.*) ou c. i. f. (en anglais *coast, insurance, freight.*),

Les commissaires se reportent pour les quantités importées et exportées et pour les pays de provenance et de destination aux bulletins du commerce extérieur de la France, dont un exemplaire est envoyé mensuellement à chacun d'eux. L'administration des douanes leur fournit en outre annuellement, en ce qui concerne les espèces et qualités des marchandises par pays de provenance et de destination, toute une série de renseignements fort détaillés (V. pour la liste de ces renseignements la lettre commune 1154 du 16 octobre 1908 de l'administration des douanes). Enfin, toutes les fois que

1. V. Thaller, *Droit commercial*, p. 534 § 1022.

les membres des sections le jugent convenable, des demandes particulières sont envoyées par les soins du ministère du Commerce aux Chambres de commerce et aux Chambres consultatives, et chaque année ils sollicitent des douanes de nombreux détails complémentaires que celles-ci ne sont pas toujours en état de leur fournir.

La valeur étant calculée au net, les commissaires fixent pour les marchandises déclarées au brut la quotité des taux dont il convient de faire la réduction pour ramener au net les poids bruts déclarés.

La session annuelle de la commission des valeurs s'ouvre réglementairement à la fin de novembre. A cette époque chaque commissaire reçoit les feuilles de travail pour les articles qui lui sont confiés. Ces feuilles de travail en tête desquelles est placée une instruction générale, présentent en un tableau l'indication de la marchandise à évaluer, l'unité d'évaluation, les valeurs et tares pour l'importation et l'exportation (celles qui avaient été fixées pour l'exercice précédent sont inscrites à l'avance et on laisse seulement des colonnes en blanc pour l'exercice courant), les tares de l'année précédente et de l'année courante et le taux à fixer pour cette dernière en ce qui concerne le transit. Le commissaire propose des taux pour le 1er mars au plus tard. La section les discute et les approuve ou modifie. Le président de la commission transmet le 15 mars, dernier délai, les taux d'évaluation au ministère du Commerce. Celui-ci, après les avoir approuvés, les transmet à la direction générale des douanes qui procède alors au calcul des valeurs. Le bureau de la statistique à qui incombe cette tâche se trouve en présence de 2615 articles (1), répartis entre 86 puissances, comportant pour la plupart un taux moyen d'importation, d'exportation et de transit. Sans l'aide de barêmes et de machines à calculer, il serait impossible d'effectuer ce travail considérable avec le personnel réduit dont dispose ce bureau. Les taux n'arrivent d'ailleurs à la direction générale des douanes qu'en avril et mai, de sorte que le calcul des valeurs ne peut jamais être terminé avant les mois de juin ou de juillet.

Si l'on ajoute à ces délais le temps pour la composition des divers tableaux du volume du commerce extérieur, la correction des épreuves, on ne sera pas surpris que les résultats définitifs de l'année ne paraissent qu'en juillet, août ou même plus tard. La cause initiale de ce retard est due à la commission des valeurs, et malgré les efforts de l'administration des douanes, signalés par M. Pallain, il reste encore beaucoup à faire pour améliorer cet état de choses.

---

1. Lorsque nous avons écrit ces lignes, la nomenclature n'était pas encore modifiée. A partir de 1911 il y aura 1884 articles à l'importation et autant à l'exportation.

Les feuilles de travail des présidents de section sont transmises le 1er juin, au ministère, accompagnées d'un rapport d'ensemble, discuté en séance plénière. Ce rapport,qui paraît chaque année, constitue un document très intéressant. Il signale les variations dans les courants commerciaux et dresse en quelque sorte le bilan de nos échanges.

Classement des opérations. — Certes le douanier ne doit rien laisser échapper à sa surveillance, mais il arrive contre sa volonté qu'il n'est pas renseigné sur certains mouvements commerciaux (nous avons en vue la contrebande), ou qu'il saisit fort incomplètement l'importance de certains échanges (marchandises accompagnant les voyageurs, envois par la poste, mouvements des valeurs fiduciaires). Nous reviendrons sur ce point, mais dès à présent nous signalerons les parties du commerce français pour lesquelles la douane n'a que des indications incomplètes. Il y a d'abord des opérations qu'elle néglige volontairement : armes et munitions embarquées à bord des navires de l'État, marchandises empruntant momentanément le territoire étranger (1), opérations n'ayant pas un caractère commercial. Sous cette dernière rubrique, l'instruction sur la statistique (p. 13) comprend des éléments très divers : admission temporaire d'objets en cours d'usage pré-

1. Ce ne sont pas d'ailleurs des échanges.

sentés isolement et en petit nombre, pour recevoir en France des préparations ou un complément de main-d'œuvre, emballages sans valeur marchande ayant servi, marchandises françaises retournées à l'expéditeur, échantillons sans valeur, bagages de voyageurs, objets mobiliers, outils, instruments, matériel agricole et industriel en cours d'usage, trousseaux d'élèves et de mariage, admissions en franchise diplomatique, provisions de bord sans importance, produits destinés aux expositions, objets importés en franchise pour les musées et établissements scientifiques (1).

Il y a ensuite les trafics que la douane ignore : envois d'espèces ou de valeurs fiduciaires par la poste, puis ceux sur lesquels elle n'exerce qu'un contrôle relatif : envois d'échantillons par la poste et objets rapportés par les voyageurs. Il est bien évident que ce n'est pas pendant les quelques minutes d'arrêt des trains à la frontière, si longues et si pénibles qu'elles puissent paraître aux voyageurs, que la douane peut se rendre un compte très exact de tout ce que ces derniers ont avec eux, et lorsque (comme pour l'exportation) l'intérêt fiscal n'est pas en jeu, la statistique est mal venue de se

---

1. Il faut ajouter à cette énumération le trafic dit des propriétés limitrophes, proprement dites, qui est détaillé à l'instruction pages 8 et 9 et à la page 15 des observations préliminaires du tableau du commerce extérieur.

plaindre. Enfin il est un mode d'expédition spécial qui tend à se développer de plus en plus, auquel la douane, tout en exerçant un contrôle fiscal suffisant, n'attache pas assez d'importance au point de vue statistique. Nous voulons parler des colis postaux. A l'heure actuelle, la plupart des pays ont avec nous des conventions admettant le poids de 5 kilos dans les échanges par cette voie ; quelques-uns (Suisse, Belgique, Luxembourg) vont même jusqu'à 10 kilos. La pratique commerciale s'est emparée de cette facilité et l'avenir verra de plus en plus le développement de ce mode de trafic. Or, la statistique douanière française ne relève sous leur véritable dénomination que les marchandises importées par colis postaux, donnant ouverture à un droit supérieur à 3 francs (1). Les autres colis importés et tous les colis exportés sont confondus sous une même rubrique indiquant leur nombre, poids et valeur. Par suite d'un errement sur lequel nous reviendrons, la valeur est fixée uniformément à 15 francs le kilo. Depuis 1904, toutefois, devant les réclamations de la Chambre de commerce de Lyon, les colis postaux exportés contenant des tissus de soie sont indiqués à part d'après leur poids et leur valeur propres (les expéditeurs déclarent cette dernière) (2).

1. Décision ministérielle du 29 mai 1899.

2. L'administration des douanes admet, pour les colis postaux exportés et transitant directement, le relevé du poids et

Les opérations de douane sont classées, d'après leur nature, en Commerce général et en Commerce spécial. *A l'importation* le commerce général embrasse la totalité des marchandises étrangères arrivées de l'étranger, des colonies et de la grande pêche et déclarées tant pour la consommation que pour le transit, l'entrepôt, le transbordement, la réexportation ou l'admission temporaire; le commerce spécial comprend toutes les marchandises mises en consommation (exemptes et soumises aux droits), que ce soit à l'arrivée en France ou après avoir été déclarées précédemment pour un autre régime (entrepôt, transit, admission temporaire).

A l'exportation, le commerce général renferme toutes les marchandises sortant de France, d'origine française ou étrangère, par conséquent celles transitant ou transbordant à destination de l'étranger (1), celles qui sont réexportées des entrepôts et celles qui sont renvoyées à l'extérieur après admission temporaire pour une transformation ou un complément de main-d'œuvre; le commerce spécial vise

---

du nombre toutes les fois que le service n'est pas en mesure de déterminer exactement le classement des marchandises qu'ils renferment (*Inst. stat.*, p. 20).

1. Le mot transbordement est pris dans son sens strict et les marchandises arrivant de l'étranger, mais réexportées par le même navire sans mise à terre, ne sont pas dépouillées. Il y a là un certain élément de cabotage international non relevé.

seulement les produits nationaux et ceux d'origine étrangère, exempts en ayant acquitté les droits et réexportés.

Le commerce général, à l'importation, comprend un trafic plus étendu que le commerce spécial, mais comme certains de ses éléments rentrent dans le commerce spécial au moment de la mise à la consommation, il peut arriver et il arrive en effet que, pour une période donnée, ses chiffres soient inférieurs à ceux du commerce spécial. Ceci se produira toutes les fois que pour la même marchandise, après une prise en charge au commerce général (entrepôt, transit, admission temporaire) il y aura quelque temps après changement de régime et déclaration pour l'acquittement, donc entrée dans le commerce spécial. Un exemple nous fera mieux comprendre. Le port du Havre entrant dans ses entrepôts 100.000 kilos de café au mois de mai, les inscrira ce mois, là au commerce général seulement. Si en septembre on retire de l'entrepôt, pour les mettre à la disposition du marché français, ces 100.000 kilos, il y aura paiement des droits de douane et par suite la statistique relèvera 100.000 kilos de café au commerce spécial. Comme les statistiques de mai avaient déjà accusé en commerce général 100.000 kilos de café, le commerce général de septembre n'en tiendra pas compte. La durée de l'entrepôt réel étant de trois ans. On voit la marge de temps laissée à ces chevauchements de commerce général et spécial. Et pour les autres régimes: transit et admission temporaire, nous aurions également des faits semblables (1).

De pareils changements de régime n'étant pas susceptibles de se produire à l'exportation, les chiffres du commerce général sont toujours supérieurs à ceux du commerce spécial.

D'après les explications que nous avons données plus haut, les marchandises admises temporairement figurent au commerce général seulement. Une exception à cette règle concerne les sucres. A l'origine, le régime des sucres bruts introduits pour être raffinés se distinguait très nettement de l'admission temporaire. La loi de 1836 qui organisait cette dernière reposait sur le principe de la réexportation après transformation des marchandises mêmes qui avaient été importées. C'est ce que l'on a appelé le système de l'identique, sorte de complément de l'entrepôt, les usines du fabricant français pouvant être considérées comme un entrepôt libre où l'on mettait en œuvre des matières premières étrangères. Les sucres bruts destinés à être réexportés après raffinage acquittaient les droits de douane et figuraient par suite au commerce spécial d'importation.

---

1. *Dans le Commerce et les commerçants*, p. 352. M. Y. Guyot reproduit des explications analogues pour justifier des différences qu'il a relevées.

Comme conséquence, les sucres raffinés exportés avec drawback (c'est-à-dire remboursement des droits sur les sucres bruts qu'ils servaient à compenser) rentraient également dans le commerce spécial de sortie. On avait donc d'un côté (admission temporaire) des marchandises étrangères n'entrant pas dans le commerce libre, de l'autre (sucres) des produits bruts étrangers transformés complètement et versés soit sur le marché intérieur, soit sur ceux de l'extérieur, mais dans ce dernier cas on se trouvait dans les mêmes conditions économiques que lors d'une exportation simple. Le classement du premier genre d'opérations dans le commerce général, du second dans le commerce spécial était parfaitement logique. Mais sous la pression des faits, les conceptions théoriques changèrent : la loi du 7 mai 1864 substitua pour les sucres l'admission temporaire au drawback et l'admission temporaire des autres produits évolua du régime de l'identique à celui de l'équivalent. Malgré ces modifications profondes, qui ont plutôt rapproché les deux réglementations, la prise en charge dans les écritures statistiques est demeurée la même qu'auparavant. Pour les autres marchandises que les sucres, on a conservé les anciens errements parce que la substitution de l'équivalent à l'identique n'a pas été générale et a affecté des caractères très variables selon le législateur. Pour les sucres l' « Instruction pour l'établissement des relevés statistiques » explique (1) pourquoi l'on ne voulut pas innover.

Une exception aurait dû être faite pour les sucres raffinés exportés en compensation de sucres indigènes, ces derniers devant, sans contestation possible, être considérés comme marchandises françaises (2)...En outre, une semblable modification dans les écritures aurait eu l'inconvénient de rendre impossible les comparaisons avec les publications antérieures à 1864 et de faire disparaître, pour une forte part, de notre commerce spécial d'exportation les produits d'une industrie (la raffinerie) qui est considérée à juste titre comme essentiellement française...

Un peu plus loin la circulaire officielle ajoute :

Le mode d'opérer présente, d'ailleurs, l'avantage de faire connaître jour par jour les quantités totales de sucres bruts dont dispose la raffinerie, en même temps que les quantités totales de sucres raffinés dont cette industrie trouve le débouché au dehors (3).

---

1. Page 17.

2. Par suite d'une fiction, les sucres raffinés exportés sont présumés provenir des sucres bruts déclarés pour l'admission temporaire qu'ils servent à compenser.

3. L'instruction concernant l'établissement des relevés statistiques a été rédigée avant les modifications du régime des sucres survenues depuis 1897. Il y a donc lieu de confronter son texte avec les nouvelles conditions de l'admission temporaire des sucres telles qu'elle résultent des n°s 252 à 271 (p. 170 et suiv.) du recueil connu sous le nom d'*Observations préliminaires du tarif des douanes* (dernière éd.,

Les traités de 1860 ont amené au point de vue du classement des opérations statistiques françaises une cause particulière d'erreur. Auparavant, les produits étrangers étaient tous tarifés à leur entrée dans la consommation, par suite notre commerce d'entrepôt et notre commerce propre restaient bien distincts : l'importateur déclarait pour le marché intérieur, ce qui lui était effectivement destiné et pour l'entrepôt, ce qui pouvait être expédié éventuellement à l'étranger. A cette époque, comme le dit M. Pallain, « les mots commerce spécial d'entrée et commerce spécial de sortie signifiaient, ou du moins signifiaient à peu près exactement, le premier marchandises étrangères et coloniales consommées en France, le second marchandises françaises vendues à l'étranger ou aux colonies ». En 1860, beaucoup de matières premières furent affranchies de droits d'entrée et comme l'entrepôt ou le transit exigeaient des formalités gênantes, l'importateur déclara désormais pour la consommation toutes les marchandises exemptes qu'il recevait de l'étranger, quitte à les réexpédier ensuite dans un autre pays. A la seule exception des marchandises transitant par chemin de fer sans rupture de charge ou transbordées à l'arrivée dans nos ports, c'est encore la situation

---

1908). Les observations préliminaires du tableau du commerce extérieur (1er vol., p. 12) donnent également un résumé consacré au *régime spécial des sucres*.

actuelle. Supposons qu'un négociant du Havre reçoive 1 million de kilos de coton brut à destination ultérieure de la Suisse. Avant 1860, il l'aurait déclaré en transit pour la Suisse. Depuis 1860, il dépose une déclaration de consommation, puis il expédie son coton en Suisse, et à la frontière, fait déposer une déclaration de simple sortie. Son opération, au point de vue statistique, se traduit comme suit :

	Commerce général	Commerce spécial
Entrée.....	1.000.000 kilos	1.000.000 kilos
Sortie......	1.000.000 —	1.000.000 —

Tandis qu'avant 1860, on aurait eu :

	Commerce général	Commerce spécial
Entrée.....	1,000.000 kilos	Néant
Sortie......	1.000.000 —	—

Voilà pourquoi le commerce extérieur de 1907 accuse à l'importation 2.727.911 quintaux de coton en laine en commerce spécial, et 419.233 quintaux à l'exportation (commerce spécial également).

Il est certain qu'il ne fallait en réalité que 2 millions 308.678 kilos pour la consommation française. On voit par là que le commerce spécial, entrée et sortie, se trouve augmenté de quantités de marchandises qui ne lui sont pas destinées (1). L'administra-

1. Voir sur les parties factices du commerce spécial en France le chapitre III, livre VIII du livre de M. Y. Guyot, *Le Commerce et les commerçants*. L'éminent économiste

tion française indique d'ailleurs très explicitement la situation lorsque, dans les documents mensuels qu'elle publie, elle déclare :

Le commerce spécial comprend à l'importation les marchandises tarifées soumises aux droits et la totalité des marchandises exemptes de droits qui sont mises à la disposition des importateurs ; à l'exportation, la totalité des marchandises nationales exportées et les quantités de marchandises étrangères qui, après avoir été mises à la disposition des importateurs et avoir cessé par conséquent d'être sous la surveillance du service des douanes, sont renvoyées à l'étranger.

Provenances et destinations. — Le trafic doit être groupé par pays et cela à un double point de vue : économique et diplomatique.

Il importe de connaître à l'entrée : 1° le pays où une marchandise a été produite (pays d'origine) ; 2° celui d'où elle est expédiée commercialement (pays de provenance) ; 3° celui par la frontière duquel elle arrive (pays de provenance immédiate) ; à la sortie : 1° le pays où le produit exporté sera con-

s'en prend au commerce avec les colonies qu'il accuse d'être en partie artificiel (troupes d'occupation, garanties des chemins de fer) aux provisions du bord (notre navigation reposant sur les primes et subventions), et il conclut : « Une partie de nos exportations dans les colonies n'est qu'un remboursement des dépenses budgétaires qui y ont été ou qui y sont faites, et ces exportations sont dues aux tarifs de douane. »

sommé (pays de consommation); 2° le pays de destination commerciale où le produit est vendu; 3° le pays dans lequel elle entre immédiatement à sa sortie de France. Ces six groupes que nous distinguons peuvent très bien, d'ailleurs, être confondus. Si, par exemple, un négociant français achète des armes en Belgique et y renvoie des articles de Paris, nous aurons à l'importation un seul pays et à l'exportation une seule destination. Mais, supposons que la France achète du blé de Russie sur le marché allemand et le fasse venir par Anvers, nous trouvons un pays d'origine, Russie; un pays de provenance commerciale, Allemagne; et un pays de provenance immédiate, Belgique. L'économie politique qui s'occupe à la fois de la production, des échanges commerciaux et des transports tient à être renseigné sur tous ces différents points qui intéressent également le diplomate appelé à conclure des conventions commerciales.

La pratique française est assez vague en ce qui concerne l'indication du pays au compte duquel sont reprises les marchandises à l'importation et à l'exportation. Un ancien chef de la statistique commercisle nous avouait naguère qu'il n'avait jamais eu la compréhension bien nette des instructions sur la matière (1). Il faut bien le reconnaître, la circulaire

1. M. Y. Guyot dit fort justement que la « phraséologie administrative signifie que l'administration se contente des

2418 qui forme le Code de la statistique douanière française est en effet un tissu de contradictions sur ce point.

Elle pose tout d'abord la règle théorique.

Le pays au compte duquel une marchandise est prise en charge devrait être à l'importation le pays d'origine effective; à l'exportation le pays de destination réelle. Mais comme pratiquement on ne pourrait appliquer d'une manière absolue cette règle, on mentionne à l'entrée le pays de provenance effective actuelle, à la sortie le pays de destination effective actuelle.

La circulaire déclare « ce procédé absolument logique » et démontre par un exemple que la statistique commerciale n'est qu'une statistique d'échanges, puis elle ajoute.

Mais ce principe dont l'application absolue aurait pour résultat de restreindre les données statistiques de notre trafic international aux seuls pays limitrophes ou aux pays d'outre-mer avec lesquels nous avons des relations directes, doit fléchir devant la réalité des faits, toutes les fois que par la nature ou les circonstances du transport ou par les documents qu'il peut avoir entre les mains, le service est en mesure de connaître à l'importation le point de départ réel de la marchandise à destination de la France, et à l'exportation le pays sur lequel elle est effectivement dirigée et où elle doit être livrée au destinataire.

---

indications qu'elle reçoit». *Le Commerce et les commerçants*, p. 299.

Viennent ensuite des règles spéciales aux expéditions par chemins de fer. A leur égard on s'attachera à la « puissance d'où les marchandises arrivent réellement ou pour laquelle elles sont réellement expédiées. Pour les expéditions par les routes de terre et les canaux, on prendra le pays limitrophe. Quant aux expéditions par mer, la base sera celle-ci: pays de provenance, celui où la marchandise a été chargée ; pays de destination, celui où elle doit être débarquée, c'est-à-dire dans les deux cas pays d'où provient la marchandise ou sur lequel elle est dirigée avec connaissement direct. Lorsque la marchandise exportée par mer doit être transbordée dans un pays tiers, et immédiatement réexpédiée à sa destination réelle, c'est cette dernière qui devra être prise en compte. Enfin, lorsque l'expédition aura lieu par transport mixte (mer et terre).

Toutes les fois où le service sera en mesure, soit par les déclarations déposées entre ses mains, soit par les pièces justificatives de transport dont il peut exiger la production, de connaître la provenance primitive de la marchandise c'est-à-dire le point où elle aura été directement embarquée pour la France ou sa destination réelle après accomplissement de son transit par le pays limitrophe, c'est au compte de la puissance d'expédition ou de destination effective qu'il devra en prendre charge.

En résumé, le pays au compte duquel on porte

une marchandise est tantôt le pays de provenance ou de destination commerciale, tantôt celui de provenance ou de destination immédiate.

Jusqu'à quel point les chiffres du tableau du commerce de la France indiquent-ils l'un ou l'autre de ces pays ? C'est ce que peut seul faire connaître l'examen comparé des statistiques françaises et étrangères (1). Nous constaterons, par exemple, que les comptes de l'Angleterre, de la Belgique et de l'Allemagne sont surchargés de toutes les marchandises étrangères qui ne font qu'y passer pour aller dans le pays de destination définitive (pays étrangers ou France, suivant qu'il s'agit d'exportation ou d'importation). Un exemple montrera les difficultés statistiques du service des douanes. Soit un chargement de blé originaire des États-Unis d'Amérique. S'il est expédié par mer au Havre, il ressortira dans les relevés statistiques au compte des États-Unis. S'il emprunte soit la voie de la Belgique, soit celle de l'Allemagne par les ports respectifs d'Anvers et de Hambourg, il sera très probablement porté à la Belgique ou à l'Allemagne. En effet, à l'importation par terre, la douane pourra tout au plus découvrir le lieu d'où a été effectuée l'expédition par chemin de fer, Anvers

1. MM. Cauvès, dans son *Cours d'Économie politique* et Y. Guyot (*Le Commerce et les commerçants*, p. 333) ont signalé plusieurs exemples de discordances entre les statistiques douanières françaises et allemandes, françaises et belges.

ou Hambourg, par exemple. La vérification fiscale permettra bien de reconnaître qu'il s'agit de blé extra européen et les taxes seront établies en conséquence, mais là se borneront les renseignements qu'on pourra en général obtenir. Pour nous limiter à la Belgique citée plus haut, nous arrivons aux résultats suivants pour 1908 :

	Poids (1) en tonnes des marchandises importées de Belgique en France	Poids en tonnes des marchandises importées de de France en Belgique
	—	—
Statistiques françaises..	7.904.310	4.208.158
Statistiques belges.....	7.833.154	4.335.430

Pour en terminer avec la question des provenances et destinations, nous dirons que le tableau du commerce extérieur de 1908 relève 80 comptes de puissance à l'entrée et 85 à la sortie. Parmi ces comptes plusieurs méritent d'être signalés à cause de leurs particularités : à l'entrée et à la sortie ceux des zones franches, de Saint-Pierre et Miquelon et de la Grande-Pitre ; à l'entrée celui des épaves et sauvetages ; à la sortie, celui des provisions du bord (se subdivisant en navires français et navires étrangers).

---

1. Nous avons pris le poids indiqué en commerce général, parce que la valeur étant calculée différemment dans les divers pays n'offrait pas une base suffisante de comparaison. Nous aurions voulu faire porter la comparaison sur l'Angleterre et l'Allemagne, mais il ne nous a pas été possible de

Nous avons parlé précédemment des zones franches (1). La grande pêche est celle qui s'exerce dans les mers lointaines (pêche de la baleine, de la morue, du cachalot et autres cétacés à Terre-Neuve, en Irlande, au Doggersbank et aux Féroé, sur la côte occidentale d'Afrique). Cette pêche donne lieu à un certain nombre de transactions, tant à l'entrée (morues et sels, rapports) qu'à la sortie (sels, boissons, houille) qui sont relevées avec celles de Saint-Pierre et Miquelon, la pêche au grand banc de Terre-Neuve étant encore la plus importante. Les épaves et sauvetages comprennent les marchandises d'origine inconnue recueillies sur nos côtes. Les provisions de bord sont les objets de toute sorte (houille, vivres, boissons) embarqués pour l'avitaillement des navires tant français (2) qu'étrangers. Ce compte, qui n'existe d'ailleurs que depuis 1895, est indépendant de celui de la grande pêche.

Publications. — L'administration des douanes françaises a publié jusqu'en 1896 trois séries de documents : 1° décennaux ; 2° annuels ; 3° mensuels.

---

trouver dans les publications statistiques de ces deux derniers pays les éléments suffisants.

1. On peut se demander si le caractère industriel de la grande pêche permet de lui attribuer un compte spécial dans les échanges. De même, on peut rapprocher le commerce des zones franches, qui est dépouillé à part, du trafic des propriétés limitrophes qui n'est pas relevé.

2. Expédiés pour une autre destination que le cabotage ou la pêche côtière.

Le tableau décennal donnait toutes les dix années (à partir de 1827) le résumé du commerce extérieur de la France avec des tableaux graphiques d'ensemble. Des raisons budgétaires se sont opposées à la confection du tableau 1896-190 , de sorte qu'à l'heure actuelle, il vaut mieux ne citer que pour mémoire cette publication. Elle est d'ailleurs critiquée par bon nombre de statisticiens qui lui reprochent d'être hypnotisée par son point de départ. En effet c'est un errement vicieux, parce que la statistique française a commencé en 1827, de compter les périodes de dix ans à partir de cette date. Un économiste peut vouloir étudier la période 1851-1861, par exemple. Il lui faudra deux décennaux, celui de 1847-1856 et celui de 1857-1866. Le mieux serait évidemment de combiner le tableau annuel de manière qu'il donnât rétrospectivement les chiffres d'un certain nombre d'années antérieures. Du reste, nous n'apercevons pas beaucoup les arguments qui militent en faveur d'un décennal à périodes fixes. Nous préférerions de beaucoup grouper, comme le fait M. Levasseur (1), les résultats du commerce extérieur par périodes historiques ou économiques. Une revision du tarif douanier vient d'avoir lieu (loi du 29 mars 1910) ; il serait très intéressant, d'ici quelques années, de comparer notre trafic avec ce qu'il

1. *Aperçu des résultats de la statistique comparée du commerce extérieur.*

était avant cette revision. On saisirait sur le vif les conséquences du changement opéré.

Toutes les années paraît le *Tableau général du commerce et de la navigation*, en deux volumes. Le premier traite du commerce de la France avec ses colonies et les puissances étrangères, le deuxième de la navigation. Fidèle au plan qne nous nous sommes tracé, nous ne parlerons que du premier volume.

Après des observations préliminaires et un résumé du mouvement commercial, un résumé analytique nous est présenté en 32 tableaux. Puis viennent un tableau comparatif des taux moyens d'évaluation fixés par la commission permanente des valeurs pour l'année de la publication et l'année précédente, un tableau récapitulatif, les comptes spéciaux de marchandises par pays de provenance et de destination, par principales douanes avec résumé par classe de marchandises et nature de produits, par mode de transport. L'état de développement donne le détail des importations et des exportations d'après la nomenclature ; il est suivi de tableaux spéciaux pour les tissus de coton exportés sous le bénéfice du remboursement à forfait, les admissions temporaires, les entrepôts, le transit, la pêche à la morue et la pêche du hareng. Le volume se termine par le commerce de la Corse et de l'Algérie (1) et un répertoire

1. A partir de 1910, le commerce spécial d'exportation de France en Algérie sera établi d'après les renseignements

alphabétique. Lorsque nous aurons passé en revue les publications de quelques pays étrangers, nous examinerons les principales améliorations qu'il y aurait lieu de réaliser en France.

Mensuellement s'imprime sous le nom de « Documents statistiques sur le commerce de la France » un fascicule d'environ 200 pages qui renferme les chiffres des marchandises importées et exportées depuis le commencement de l'année, puis pour la même période le mouvement des admissions temporaires de métaux, blés et sucres, la situation des entrepôts, les recettes, les entrées et sorties de navires. En regard de l'année en cours, sont les deux années précédentes. On indique au commerce général les quantités seulement, au commerce spécial les quantités et valeurs. Ces dernières sont toujours obtenues avec les quotités les plus récentes, c'est-à-dire qu'en attendant que la commission des valeurs arrête définitivement ses taux d'évaluation pour l'année, on se sert de ceux qu'elle a fixés en dernier lieu.

Pendant l'année 1910, par exemple, on valorera les quantités de l'année 1908 avec leurs taux définitifs ; des années 1909 et 1910, d'abord avec les taux

---

fournis uniquement par les douanes algériennes. M. Pallain indique l'année 1851 comme date de création du compte spécial de l'Algérie. Jusqu'en 1873 on a appliqué à ce compte les valeurs officielles.

de 1908, puis avec les taux définitifs de 1909, dès que ceux-ci auront été indiqués à l'administration des douanes. Des résumés comparatifs sont insérés en tête de la publication pour les dix dernières années, l'année en cours comprise. Tandis que le développement des marchandises suit la nomenclature statistique, ces résumés comparatifs groupent le commerce spécial seulement sous un certain nombre de rubriques où les marchandises sont classées suivant leur nature ou leur destination en objets d'alimentation, matières premières nécessaires à l'industrie, produits fabriqués. L'or, l'argent et le billon sont repris à part. A l'exportation, on a en outre une catégorie spéciale pour les colis postaux. Depuis le 1er janvier 1892, les documents mensuels comprennent enfin un résumé des échanges en commerce spécial avec la Russie, l'Angleterre, l'Allemagne, la Belgique, la Suisse, l'Italie, l'Espagne, l'Autriche-Hongrie, la Turquie, les États-Unis, le Brésil, la République Argentine et l'Algérie. Les poids sont relevés dans ces documents mensuels, pour l'importation, d'après les règles que nous avons indiquées précédemment, savoir : au brut pour les marchandises exemptes ou payant 10 francs et moins par 100 kilos, au net pour les marchandises taxées à plus de 10 francs par 100 kilos. A l'exportation, il n'est fait état que du poids brut (sauf pour les tissus de soie). Dans le tableau annuel, on mentionne toujours le poids net. Pour les marchandises exportées, ainsi que pour celles qui à l'importation sont relevées au brut sur les documents mensuels, on a à la fois le brut et le net. On se sert à ce sujet des tares déterminées par la commission des valeurs.

Algérie

Nous empruntons à l'ouvrage de M. Moucheront (1) les renseignements suivants sur la statistique de l'Algérie.

Jusqu'à la spécialisation du budget algérien qui a placé le service des douanes sous l'autorité du gouverneur général de l'Algérie, la statistique algérienne faisait partie des publications du bureau central. Ce nouveau régime rendait nécessaire la création d'un élément spécial d'information, réunissant sous une forme pratique et concise tous les renseignements d'ordre économique recueillis par le service des douanes.

Un arrêté du 18 avril 1902 créa une commission analogue à la commission des valeurs de France. Cette commission fut divisée en section administrative (composée de hauts fonctionnaires des douanes et des services commerciaux et financiers) et section technique, comprenant avec les présidents des Chambres de commerce, des Chambres d'agriculture, des négociants importants, des présidents de syndicats commerciaux et, depuis 1909, des armateurs.

1. *Les Douanes de l'Algérie*, 1907.

Il a été publié des renseignements sur le commerce de 1901 et des années ultérieures. En 1902, on a ajouté une série de monographies consacrées aux ports, puis on a étudié séparément le mouvement de ces ports. Un bulletin mensuel comparatif du mouvement commercial et maritime de l'Algérie a été créé. Le tableau annuel suit le plan de celui de France.

La commission des valeurs algériennes fixe le taux d'évaluation des marchandises exportées de la colonie. Pour l'importation, elle arrête le taux moyen des produits reçus des pays limitrophes (Maroc et Tunisie), s'en référant en principe aux évaluations de la commission métropolitaine pour les autres produits. Les produits métropolitains importés en Algérie prennent le taux attribué aux produits français exportés, les produits étrangers importés en Algérie sont valorés au taux des produits étrangers importés en France.

L'office statistique de la direction des douanes de l'Algérie adresse, avant la fin de l'année, aux présidents des Chambres de commerce et aux Chambres d'agriculture, des feuilles de travail spéciales pour les articles à valorer. La commission statue sur ces propositions. Les bases du calcul de la valeur sont les mêmes qu'en France.

Un relevé des décisions prises par la commission est adressé au ministère du Commerce pour être communiqué à la commission permanente des valeurs de douane qui tient compte de l'estimation des produits algériens importés dans la métropole.

Colonies françaises

La circulaire ministérielle du 15 février 1909, qui nous a été très obligeamment communiquée par l'Office colonial, contient les renseignements suivants :

Il est publié tous les trimestres des chiffres provisoires. L'année entière a des résultats définitifs. Le commerce général seul est pris en considération.

Il sera toujours possible, en procédant suivant ces instructions, de déduire de la lecture des documents la valeur du commerce spécial, puisque l'on connaîtra les chiffres de la réexportation et du transit.

Toutes les importations et exportations, à quelque titre que ce soit, doivent être relevées, aussi bien celles pour les particuliers que celles pour la colonie ou l'État, sauf bien entendu lorsqu'il y aura nécessité politique ou militaire à ne pas le faire pour ces derniers.

Les relevés sont établis par quantités et valeurs suivant la nomenclature française un peu modifiée. Sauf le cas de désignations commerciales, on n'indique pas de nom de pays d'origine dans cette nomenclature. Les marchandises « non dénommées » ne doivent pas y figurer sous ce vocable ; dans le cas où un article ne serait pas mentionné dans la nomenclature, il devrait être ajouté à la suite des autres articles, dans le chapitre auquel il se rapporte. Les produits sont relevés par pays de provevenance et de destination à 13 comptes de puissance et aux pays limitrophes de la colonie (en détaillantces derniers).

A l'importation, on distingue : 1° les marchandises françaises (1) importées : *a*) de France ; *b*) des colonies françaises ; 2° les marchandises étrangères venant : *a*) de France ; *b*) des colonies françaises ; *c*) des autres pays.

A l'exportation, on a : 1° les produits du cru à destination de France, des colonies françaises, des autres pays ; 2° la réexportation des marchandises françaises et étrangères ; 3° le transit des marchandises françaises et étrangères. Le mouvement des monnaies donne lieu à une statistique spéciale, indépendante de la statistique commerciale. Cette statistique établie annuellement fait connaître les entrées et sorties des monnaies françaises et des monnaies étrangères, converties en francs, en distinguant celles d'or, d'argent, de bronze, de lnicke, d'aluminium, de zinc. Le mode de valoration des marchandises est loin d'être uniforme. D'après les renseignements

1. Une marchandise française doit, pour être admise au bénéfice de son origine dans les colonies françaises, être importée de France ou d'une colonie française.

particuliers que nous avons obtenus au ministère des Colonies, il faut distinguer selon qu'il s'agit des colonies soumises au tarif métropolitain ou des colonies régies par des tarifs spéciaux. Pour les premières fonctionnent des commissions locales des valeurs. En Indo-Chine, par exemple, une commission des valeurs instituée par arrêté du 28 juin 1909 s'est réunie le 5 octobre suivant. Pour les secondes on utilise de pair les valeurs déclarées et les valeurs officielles des mercuriales. Les valeurs déclarées présentent un certain degré d'exactitude, la grande majorité des tarifs coloniaux se composant de taxes *ad valorem*. Le *Journal officiel* de la colonie publie, d'autre part, le prix courant des marchandises tel qu'il résulte des marchés.

Les statistiques trimestrielles et annuelles du commerce extérieur des colonies donnent en regard des chiffres de l'année à laquelle elles se rapportent ceux de l'année précédente, avec des tableaux récapitulatifs pour les chiffres globaux des trente-quatre chapitres de la nomenclature, en séparant la France, les colonies françaises et l'étranger. Un reproche qu'on peut leur adresser, c'est d'être d'un format trop exigu pour présenter un tableau d'ensemble : le même tableau s'étend sur plusieurs pages du volume qu'il faut feuilleter. D'autre part les droits perçus ne figurent nulle part. C'est une lacune regrettable.

Allemagne

Sous le nom Allemagne, nous comprendrons tout le *Zollverein*.

C'est le mouvement en faveur de cette union douanière qui a commencé et poursuivi l'union économique de l'Allemagne, et, à l'heure actuelle, les limites du *Zollverein* cadrent presque avec celles de l'empire d'Allemagne, comme nous allons le voir.

La statistique commerciale allemande a été organisée par la loi du 20 juillet 1879, et récemment modifiée par la loi du 7 février 1906 entrée en vigueur le 1er mars suivant. Pour comprendre la portée de cette loi, il est nécessaire de donner quelques explications sur les *Zollausschlüsse*, exclusions douanières, analogues aux zones franches de Gex et de la Savoie en France. Les *Zollausschlüsse* comprennent l'île de Héligoland, le port franc de Hambourg, les territoires des ports francs de Brême, Geestemünde, Cuxhafen et quelques communes et métairies badoises (à proximité du canton suisse de Schaffhouse). La loi de 1879 considérait sous le nom d'Allemagne le territoire douanier et excluait les *Zollausschlüsse*. Depuis 1906, ces dernières sont comprises dans le trafic du commerce allemand, sauf Héligoland et les exclusions badoises. La statistique allemande [illegible] mars 1906 :

1° l'empire allemand (moins les deux exceptions signalées); 2° le grand-duché de Luxembourg ; 3° les communes autrichiennes de Jungholz et Mittelberg enclavées dans la Bavière.

La loi du 20 juillet 1879 a rendu les déclarations en douane obligatoires. Les transporteurs doivent produire eux-mêmes ces déclarations qui ont non seulement à indiquer les marchandises d'après les termes de la nomenclature, mais encore à se conformer aux lettres d'expédition. Le défaut de concordance de la déclaration avec la lettre de voiture est puni d'une amende pouvant aller jusqu'à 100 marks. Ces déclarations servent aux bureaux frontières à préparer les bulletins statistiques qui sont envoyés au bureau impérial de statistique de Berlin Là, ces bulletins, préparés de manière à être découpés en autant de petites bandes qu'il y a d'articles du tarif, sont dépouillés et servent à constituer les publications ultérieures qui cadrent avec l'année civile. La statistique est ainsi « mécanisée » selon l'expression de son distingué directeur, M. Van der Borgt. Les marchandises sont inscrites d'après la nomenclature de 1907, en 19 sections, subdivisées elles-mêmes en 43 chapitres. Voici la liste de ces 19 sections.

I. — Produits agricoles et forestiers et autres produits naturels animaux et végétaux. Articles d'alimentation et de consommation.

II.— Matières premières minérales et fossiles. Huiles minérales.

III. — Cire préparée. Acides gras solides. Paraffine et autres matières de ce genre servant à la fabrication des bougies. Bougies. Ouvrages en cire. Savons et autres articles fabriqués avec les graisses, les huiles ou la cire.

IV. — Produits chimiques et pharmaceutiques; couleurs et produits colorants.

V. — Matières textiles animales et végétales et ouvrages de ces matières. Cheveux. Plumes de parure apprêtées. Éventails et chapeaux.

VI. — Cuir et ouvrages en cuir. Ouvrages en pelleteries. Ouvrages en boyaux.

VII. — Ouvrages en caoutchouc.

VIII. — Tresses et ouvrages tressés de matières végétales, hormis les fibres textiles.

IX. — Balais, brosses, pinceaux et ouvrages de tamiserie.

X.— Ouvrages en matières animales ou végétales à tailler ou à mouler.

XI. — Papier, carton et ouvrages en papier ou en carton.

XII. — Livres, images, tableaux.

XIII. — Ouvrages en pierre ou en d'autres matières minérales (à l'exception des ouvrages en argile), ainsi qu'en matière fossile.

XIV. — Ouvrages en argile.

XV.— Verres et ouvrages en verre.

XVI. — Métaux précieux et ouvrages en métaux précieux.

XVII. — Métaux commun et ouvrages en métaux communs.

XVIII.— Machines. Produits électrotechniques. Véhicules.

XIX. — Armes à feu. Horlogerie. Instruments de musique. Jouets d'enfant.

En outre, depuis le 1er mars 1906, la statistique allemande contient des groupements généraux qui, modifiés à partir de 1908, classent les marchandises dans les cinq catégories suivantes : 1° matières brutes pour l'industrie ; 2° produits fabriqués ; 3° vivres et objets de consommation ; 4° bétail ; 5° métaux précieux.

La nomenclature allemande se différencie de la nomenclature française, en ce que dans un chapitre on prend le produit à l'état de matière première pour le suivre dans toutes les transformations qu'il peut subir. Elle comprend, avec de nombreuses subdivisions il est vrai, 946 numéros.

Les marchandises acquittant un droit de douane inférieur à 6 marks (7 fr. 50) ou dénommées spécialement au tarif sont taxées et pesées au brut. Pour quelques marchandises, il existe des tares particulières. Les liquides figurent dans les documents statistiques sous l'unité de poids net. Ce dernier comprend dans ce cas le poids de l'enveloppe immédiate : fût, bouteille, etc. Pour certains liquides (pétrole, vin, etc.) transportés en citernes, il existe à l'importation une tare proportionnelle supplémentaire. En résumé, le poids relevé dans la statistique est celui qui a servi de base à la perception du droit de douane.

Si nous abordons la question de la valoration, nous remarquerons que l'administration allemande semble de plus en plus vouloir substituer aux valeurs actuelles fixées par une commission celles résultant des déclarations faites par les expéditeurs ou les destinataires. En 1880 fut instituée une commission d'experts qui, après s'être renseignés auprès des Chambres de commerce, des autres corporations commerciales et des plus notables négociants indiquent la valeur moyenne annuelle (1). Mais, dès 1896, la déclaration de la valeur fut rendue obligatoire pour les jouets, les instruments et les appareils en verre. Cette tendance devait s'affirmer encore plus nettement en 1901, lors d'une enquête auprès des associations commerciales (Chambres de commerce et corporations). Sur 111 réponses, 44 demandaient l'obligation de la déclaration de valeur à l'entrée et à la sortie, 4 à la sortie seulement, 39 se prononçaient contre toute obligation (2). La loi du 7 février 1906 a autorisé le Conseil fédéral à exiger la déclaration de la valeur pour tous les articles qu'il dési-

1. Rapport de la commission permanente des valeurs de 1893 (V. *Annales du commerce extérieur*, 1893, p. 61-68).
2. *Économiste français*, 6 janvier 1906.

gnerait et l'usage qui a été fait de cette faculté a pris de plus en plus d'extension. Depuis le 1er mai 1909, la plus grande partie de l'exportation (71 o/o) et un certain nombre d'articles à l'importation 32 numéros ayant surtout trait aux véhicules, automobiles, etc.) sont soumis à la double déclaration de la quantité et de la valeur. Si nous en croyons *l'Économiste Français* du 19 février 1910 :

> Les partisans d'une suppression du système de l'évaluation des valeurs en douane par les experts, après que l'exercice est clos, sont assez nombreux en Allemagne ; ils prétendent que la déclaration obligatoire des valeurs par les importateurs et les exportateurs permettrait d'arriver à une statistique plus exacte et à des comparaisons plus faciles avec les données publiées par les pays étrangers.

Quoi qu'il en soit, la commission d'experts instituée en 1880 a la double tâche : 1° de vérifier l'exactitude des valeurs déclarées ; 2° de déterminer la valeur des autres marchandises. Elle tient ses sessions annuelles en janvier, février et mars.

En dehors des sources de renseignements que nous avons indiquées, elle consulte les mercuriales. Ses travaux n'ont lieu que l'année qui suit celle examinée, toutefois on arrête dans le courant même de cette dernière les valeurs à attribuer aux articles faisant l'objet d'un grand mouvement d'échange tels que les céréales, la farine, le coton les lainages (1).

Les règles suivantes sont observées dans la valoration des articles :

On tient compte pour chaque numero de la nomenclature des prix de l'année et des contrats de livraison. L'entrée et la sortie sont évaluées séparément. A l'entrée on se base sur la valeur de la marchandise à son passage à la frontière, mais on exclut les droits de douane et d'expédition (*Zoll gefaelle und Abfertigungs gebühren*) (2), le transport à la destination intérieure de l'Allemagne, le bénéfice des importateurs (3). A la sortie, on compte le prix de la marchandise au lieu d'expédition, l'assurance et les divers frais engagés jusqu'à la frontière. Le droit de douane qui a été payé pour les marchandises qui sont ensuite réexportées avec ou sans drawback ne vient pas en déduction. De même on néglige l'effet : 1° des restitutions d'accise et des exemptions d'impôts intérieurs ou de droit de poinçonnage qui résultent de l'exportation ; 2° des facilités douanières dérivant soit des comptes de douane (4), soit des permis

1. *Économiste franais*, 10 mars 1906.

2. Perceptions pour dédouanement en dehors des heures réglementaires.

3. C'est la valeur *coast, insurance, freight*.

4. Le compte de douane (*Zoll Conto*) est en réalité le transit à domicile. Des négociants reçoivent dans leurs magasins des marchandises étrangères. La douane après les avoir

d'entrée (1) ; 3e des droits de douane étrangers qui seront à payer avant livraison. L'évaluation par pays a lieu autant qu'il est possible. Le poids net est pris comme base, sauf pour les graisses fluides animales et végétales, les huiles végétales et minérales et les gaz condensés. Les numéros particuliers de la nomenclature comprenant sous une même rubrique des qualités ou espèces de marchandises de différente valeur, on se renseigne sur la proportion de ces qualités et espèces dans le total, et c'est après seulement qu'on établit pour le numéro entier le prix de l'unité en considérant les prix et les quantités respectives de chaque espèce.

---

vérifiées les prend en charge. Le négociant est soumis à des recensements et doit acquitter les droits sur les quantités manquantes ou présenter des certificats d'exportation visés par la douane. V. sur ce point le rapport de M. Wolfram au Congrès de réglementation douanière de 1900.

1. Les permis d'entrée (*Einfuhrscheine*) sont délivrés aux exportateurs de grains, produits de la meunerie, huiles végétales (le minimum des quantités exportées est de 5 quintaux) et donnent la facilité d'importer en franchise dans les six mois des matières brutes équivalentes à celles incorporées dans les produits exportés. La franchise accordée réside dans le fait que ces permis sont négociables et peuvent être utilisés pour payer jusqu'à 60 o/o des droits sur certaines marchandises importées. (D'après le *Bristish and Foreign Trade and industriel conditions*, 1904). Cf. en France les bons de droits pour les sucres. Les diverses propositions au sujet des « bons d'importation » discutées à plusieurs reprises par le Parlement français s'inspirent plus ou moins des *Einfuhrscheine*.

La commission des experts remplit des feuilles analogues aux feuilles de travail de la commission française des valeurs en douane (1).

Les monnaies et métaux précieux sont traités comme le reste du commerce, mais depuis quelques années, les données recueillies en ce qui les concerne sont indiquées à part dans les publications statistiques. Il n'en est pas de même des colis postaux. A la différence de la France et de l'Angleterre, il n'existe pas de statistique particulière des colis postaux. Les marchandises expédiées sous ce régime suivent la règle commune, c'est-à-dire sont reprises sous leur dénomination respective dans le tableau général du commerce, confondues avec les quantités parvenues par d'autres modes d'envoi et valorées comme celles-ci.

La statistique allemande néglige les quantités inférieures à un demi-kilo et d'une manière générale les marchandises exemptes de droits d'après le paragraphe 6 de la loi du 25 décembre 1902, mise en vigueur le 1er mars 1906 (effets usagés, voitures de voyageurs et leurs attelages, échantillons de voyageurs, récoltes des propriétés limitrophes, etc.)

Les opérations commerciales sont classées en Allemagne à trois points de vue : 1° le *Generalhandel* (commerce général) ; 2° le *Gesamteigenhandel*

1. Toutefois on ne valore pas le transit qui n'est repris que sous le rapport des quantités.

(commerce effectif); 3° le *Spezialhandel* (commerce spécial.

Le *Generalhandel* est le *Gesamteigenhandel* auquel on a ajouté le transit (*Durchfuhr*).

Le *Gesamteigenhandel* comprend la totalité des marchandises entrant dans le commerce allemand ou en sortant, sauf celles transitant directement. Rentrent donc sous ce vocable à l'importation les marchandises versées dans la consommation, celles déclarées en admission temporaire et celles entrant en entrepôt (1); à l'exportation les marchandises de

---

1. Le système douanier allemand présente une très grande variété d'institutions visant à la suspension momentanée des droits de douane. D'abord les *ports francs* (*Freihafen*) tels que Hambourg, où l'on peut à la fois pratiquer le commerce et l'industrie, puis les *zones franches des ports* (*Freihafengebiet*), à Brême Geestemünde, Cuxhafen où les établissements industriels ne sont pas tolérés. Les *Freihafen* et *Freihafengebiet* forment une partie des *Zollausschlüsse* (exclusions douanières), l'autre partie étant constituée par les territoires que nous avons énumérés au début de cette partie de notre étude. A côté on trouve les *entrepôts* (entrepôts réels, spéciaux et privés. Ces derniers se divisent en *Transitlager*, *Theilungslager* et *Creditlager*). Les entrepôts réels (durée cinq ans, six mois seulement pour les entrepôts spéciaux) fonctionnent à peu près comme ceux de France. On peut sous certaines réserves y admettre des marchandises prises à la consommation. Les entrepôts privés (Cf. *L'Entrepôt fictif français*) sont avec ou sans cofermeture de la douane (durée cinq ans, sauf les *Creditlager* qui n'ont que six mois). Le *Transitlager* renferme des produits qui doivent être identiques à l'entrée et à la sortie. Le *Theilungslager* a des marchandises non soumises à l'obligation de

production nationale ou nationalisées, celles sortant des entrepôts et celles exportées temporairement pour main-d'œuvre à l'étranger.

Le *Spezialhandel* embrasse : *a*) à l'importation, l'entrée dans la consommation des marchandises introduites directement ou provenant des districts libres, ports francs, entrepôts et magasins, l'admission temporaire pour perfectionnement (*Veredlungsverkehr*) ; *b*) à l'exportation, la sortie des marchandises tant du commerce libre que celui qui est contrôlé (marchandises soumises à des taxes intérieures), la réexportation des produits étrangers ayant reçu un perfectionnement en Allemagne (*Ausfuhr nach der Veredlung fur inlaendische Rechnung*), l'exportation pour perfectionnement à l'étranger (1) (*passiver Veredlungs verkehr*). En résumé, le *Generalhandel* correspond au commerce général français,

'identique qui comme celles du *Transitlager* sont ou réexportées ou écoulées en Allemagne. Le *Creditlager* est réservé aux produits qui doivent être vendus à l'intérieur, mais n'ont pas encore acquitté les droits de douane. Enfin nous avons vu précédemment le *compte de douane* (*Zoll Conto*) qui offre d'autres facilités. (V. Jean Guillouard, *Des Ports francs* (*Rev. de Science financière*, p. 622). — Congrès de réglementation douanière de 1900. Volume *Rapports*, p. 263. — *Réforme économique* du 10 juin 1910. *Ports francs ou entrepôts*.

1. Les marchandises exportées pour perfectionnement et qui reviennent en Allemagne bénéficient de réduction de droits (*Zoll nachlæsse*), c'est-à-dire n'acquittent les droits que sur les matériaux incorporés.

le *Gesamteigenhandel* à ce dernier, moins le transit, le *Spezialhandel* à notre commerce spécial, plus l'admission et l'exportation temporaires.

La loi du 7 février 1906 fixe comme suit la prise en charge au compte des puissances. A l'importation on relève le pays dans lequel la marchandise est fabriquée ou réparée et d'où elle est expédiée dans le territoire douanier ou dans une exclusion douanière. Si ce pays, qui est le pays d'origine, n'est pas connu, on se contente du pays de provenance commerciale ou de celui de provenance effective (d'où l'envoi a lieu). A l'exportation, on s'attache au pays de consommation ou tout au moins à celui de dernière destination connue. Les transbordements, ruptures de charge et réexpédition ne sont pas censés interrompre le transport. Les règles posées par la loi de 1906, concernant les pays d'origine et de destination, sont un peu platoniques et l'on peut considérer que les pays apparaissant dans la statistique allemande sont ceux de provenance et de destination commerciale. Il est vrai que l'exactitude de ce dernier renseignement est assez grande, étant donnée la disposition législative allemande qui exige la concordance absolue des bulletins statistiques et des papiers d'expédition.

Le bureau de statistique impérial publie des renseignements : 1° par décade ; 2° par mois ; 3° par trimestre ; 4° par année.

Par décade paraissent dans les annonces impériales des données sur une série de numéros importants de la nomenclature (seigle, froment, orge, avoine, maïs, farine de seigle et de froment, or, fils, combustibles, minerai de fer, etc.).

Mensuellement les éditeurs Puttkammer et Mühlbrecht à Berlin font imprimer les « Renseignements mensuels sur le commerce extérieur allemand ».

Trimestriellement se publient les « Cahiers trimestriels de la statistique de l'empire allemand » qui contiennent un résumé pour les différents numéros de marchandises à l'entrée et à la sortie, d'après les quantités exactes et les valeurs déclarées ou fixées par le conseil de statistique commerciale. Les renseignements mensuels ne contiennent que des données provisoires, sauf lorsque les valeurs sont déclarées.

La statistique annuelle de l'empire allemand contient trois parties relatives au commerce extérieur : 1° exposé et genres de marchandises. Commerce spécial et effectif; 2° comptes de puissance (vingt-deux fascicules plus un pour les *Zollausschlüsse*) ; 3° résultats généraux (transit, entrepôt, commerce d'amélioration, revenus des douanes, réduction de droits, permis d'entrée, marchandises travaillées dans le port franc de Hambourg, matériaux pour constructions navales, avitaillement des navires, pêches). Ultérieurement, la chronique statistique de l'empire allemand s'occupe, dans la septième partie de son annuaire, du commerce extérieur (1).

ANGLETERRE

Nous avons vu sommairement le développement historique de la statistique anglaise, il nous reste à exposer son état actuel. Qu'il nous soit permis, tout d'abord de remercier le *Board of trade* de son amabilité, la plupart des renseignements qui vont suivre émanant de ses communications.

Avant d'entrer dans notre sujet, nous ferons remarquer que l'Angleterre ayant conservé le libre-échange et ne frappant que quelques marchandises (à peine une trentaine) de droits de douane fiscaux, les négociants n'ont aucun intérêt à ne pas faire de déclarations sincères. Aussi M. Y. Guyot croit-il que « cette absence de préoccupations fiscales donne aux chiffres de la douane anglaise une certitude qu'ils n'atteignent dans aucun autre pays » (2).

La base de la statistique anglaise est, comme chez nous, la déclaration (*entry* à l'importation, *specifi-*

---

1. Le bureau impérial de statistique allemand, à l'obligeance duquel nous devons les renseignements ci-dessus et que nous sommes heureux de remercier ici, signale une publication d'ensemble éditée par C. Heymann en décembre 1907, sous le titre de *Dictionnaire des différentes statistiques pour l'empire allemand.* Cette publication décrit le développement du commerce extérieur de l'économie douanière allemande depuis 1836.

2. *Le Commerce et les commerçants*, p. 290.

cation à la sortie). Le principal texte légal qui la concerne est le *Custom consolidation Act* de 1876. Cette déclaration contient les renseignements suivants :

Nom du navire et de son capitaine. Port d'embarquement. Nombre de colis. Quantité, description, valeur des marchandises. Lieu d'où les marchandises sont expédiées (à l'importation), Destination finale des marchandises et date du départ du navire (à l'exportation).

Les importateurs qui ne seraient pas en mesure de fournir des renseignements exacts dès l'arrivée de leurs marchandises, peuvent néanmoins les débarquer et ont un certain délai (quatorze jours) pour déposer une *entry* régulière (1). A l'exportation, comme il peut se faire que l'expéditeur ait le centre de ses affaires sur un point du territoire éloigné du port d'embarquement et que son agent ou l'armateur qui charge pour l'étranger ne connaisse pas la valeur des marchandises, il est accordé un délai de six jours après le départ du navire pour déposer en douane la *specification*. L'Angleterre a ainsi résolu assez heureusement la difficulté d'obtenir des renseignements commerciaux, secrets et exacts.

Il est vrai que le contrôle de la *specification* ne peut pas s'exercer *de visu*, puisque la marchandise est

1. Comparez ce qui se passe en France où l'on a la déclaration provisoire.

déjà partie. Les importateurs et exportateurs sont du reste au besoin requis de produire, sous peine d'amende, les factures, lettres de voitures (*bills of lading*) et autres documents nécessaires pour fixer la douane. La loi prévoit une amende de 20 livres sterling et la confiscation de la marchandise en cas de fausse déclaration ; une amende seulement pour non production des pièces réclamées par la douane (1) (*Revenue Act*, 1909). En pratique, des amendes de 5 à 10 shillings répriment suffisamment les fausses déclarations. Ces amendes sont prononcées par décision de la commission des douanes sans procédure devant un magistrat, et presque toujours acceptées par les contrevenants qui préfèrent cette transaction aux poursuites légales. Un cas particulier nous est donné par la fausse déclaration à la sortie en matière de drawback. L'amende encourue est de 100 livres sterling ou du triple du drawback réclamé sans préjudice de la confiscation de la marchandise (*Customs consolidation Act*, 1876. Art. 106).

Les déclarations d'entrée sont déposées en double : un exemplaire reçoit la reconnaissance des agents des douanes, l'autre est envoyé à l'office central statistique de Londres. Les agents des douanes vérifient les quantités et l'espèce de marchandise. En cas de

1. La douane a un délai de douze mois après la délivrance de la marchandise pour requérir des justifications (*Revenue Act* de 1909).

déclaration provisoire, ils adressent à l'office central les rectifications apportées par les importateurs (*Amended returns*). La valeur est examinée à Londres par le *Head office* qui dépouille toutes les *entries*.

Les *specifications* vont de même au bureau central de statistique de Londres. Ce dernier reçoit journellement toutes ces déclarations et prépare à l'aide de leurs éléments les publications mensuelles et annuelles.

Territoire. — La statistique anglaise du commerce extérieur ne comprend dans le Royaume-Uni que l'Angleterre, le pays de Galles, l'île de Man, l'Écosse et l'Irlande. Les îles de la Manche sont l'objet d'un compte spécial *Channel Islands*.

Temps considéré. — L'année budgétaire finit le 31 mars, mais les publications statistiques embrassent l'année civile.

Séries de marchandises. — Jusqu'en 1884 on classait les marchandises par lettre alphabétique (1). Depuis 1885 les *Monthly trade accounts* ont réparti les importations et exportations sous certaines rubriques générales différentes à l'importation et à l'exportation. Frappé des inconvénients de ce dernier système, le *Board of trade*, d'accord avec l'administration des douanes, décida en 1902 sa revision.

---

1. Pour les essais de modification avant 1885, voir A. Julin, *Précis du cours de statistique*, p. 260

Dès 1903 la classification suivante (identique à l'entrée et à la sortie avec même groupement de marchandises) fut adoptée :

PREMIÈRE SECTION

Aliments, boissons et tabac

—

a) Grains et farines.
b) Viandes, y compris les animaux propres à l'alimentation.
c) Autres aliments et boissons.
d) Tabacs.

SECTION II

Matières premières et articles principalement non fabriqués

—

a) Houille, coke et combustibles fabriqués.
b) Minerai de fer, fer et acier de ramasse.
c) Autres minerais métallique.
d) Bois et charpentes.
e) Coton.
f) Laine.
g) Autres matières textiles.
h) Graines oléagineuses, noix, huiles, graisse et gommes.
i) Peaux et cuirs bruts.
j) Matières pour la fabrication du papier.
k) Divers.

SECTION III

Articles entièrement ou principalement fabriqués

—

a) Fer et acier et ouvrages en fer et en acier.
b) Autres métaux et ouvrages en autres métaux.
c) Coutellerie, quincaillerie, outils excepté les machines-outils) et instruments.
d) Articles et appareils électriques (autres que machines et fils télégraphiques et téléphoniques).
e) Machines.
f) Navires et bateaux (de construction neuve).
g) Ouvrages en bois (y compris les meubles).
h) Fils et ouvrages en matières textiles : *a*) coton ; *b*) laine ; *c*) autres matières.
i) Vêtements.
j) Produits chimiques, drogueries, teintures et couleurs.
k) Peaux et ouvrages en peau (y compris les gants, non compris les chaussures).
l) Poteries et verreries.
m) Papier.
n) Divers.

SECTION IV

Articles divers et non classés (y compris les colis postaux)

—

Cette classification est utilisée pour les tableaux

sommaires (*summaries*). Dans les tableaux résumés (*abstract tables*), les marchandises sont par ordre alphabétique. Le nombre des articles indiqués est en somme très restreint, 514 à l'importation, 281 à l'exportation (1). Il y a donc dans chaque article une grande diversité de produits.

Les poids et mesures sous lesquels sont relevées les marchandises sont ceux usités en Angleterre : livres anglaises (453 gr. 58), quintal *hundredweight* (112 livres = 50 k. 800), tons (1016 kil.), gallons (4 lit. 1/2), yard carré (0 mq. 83), etc. C'est le poids *net* qui est pris sur les déclarations lorsque le poids est la base du dépouillement (ce qui arrive dans la généralité des cas). Pour les liquides on a parfois le *proof gallon*, c'est-à-dire le gallon d'alcool qu'ils contiennent. C'est ce qui existe en France sous le nom de « volume d'alcool pur ».

Nous avons vu que toutes les déclarations (*entries et specifications*) sont adressées tous les jours à l'office central de statistique à Londres où s'effectue le dépouillement. Là les rapports entre les quantités et les valeurs sont étudiés de très près. Les valeurs données par les marchands dans les différents ports sont comparées et mises en regard de celles qui

---

1. V. au Congrès de réglementation douanière de 1900 la déclaration de M. Lee, délégué anglais, séance du 31 juillet 1900, p. 44. Les chiffres que nous citons sont obtenus d'après les *summaries* de 1907.

résultent des divers papiers commerciaux et des mercuriales anglaises (1). Au besoin, des explications sont demandées aux bureaux de douane et ceux-ci ont le droit d'exiger la production des factures, lettres de voiture et tous autres documents jugés nécessaires pour se former une opinion exacte. Pour les importations, les valeurs données doivent représenter le prix d'achat augmenté de l'assurance ou du fret au lieu de débarquement, ou quand elles sont consignées pour la vente (2) le dernier prix de

1. D'après les renseignements du *Board of trade*, jusqu'en 1854 l'Angleterre a eu des valeurs officielles pour estimer les importations et exportations, et ces valeurs officielles remontaient à 1696. (Voir sur ce point le détail curieux cité par M. Levasseur, *Le Coût de la vie*, extrait de la *Revue Économique Internationale* de novembre 1910, p. 34.) Mais, dès 1805, les valeurs déclarées étaient enregistrées également pour les exportations. En 1854, les valeurs officielles furent supprimées pour les importations et exportations. Ces dernières ont été depuis lors relevées d'après les valeurs déclarées par les exportateurs. Pour les importations on supputa la valeur d'après les prix courants du jour, sauf pour quelques articles sujets à la déclaration de la valeur. Ce système particulier pour les importateurs fut aboli en 1870 et depuis 1871 on suit les mêmes règles que pour les exportations. Voir du reste le chapitre premier.

2. Les marchandises « entrant en consignation » destinées à la vente sur le marché anglais ne sont pas ordinairement adressées aux importateurs avec indication des prix. La valeur déclarée est celle du marché anglais ; elle est contrôlée par des experts attachés au bureau central de statistique. On s'aide aussi des listes de prix courants et rapports journaliers.

vente des marchandises. Lorsqu'il s'agit d'articles sujets à des droits, les valeurs ne comprennent pas ces droits. Pour les exportations on se base sur le prix de la marchandise augmenté de tous les frais engagés jusqu'au moment de la délivrance à bord. Du 19 avril 1901 au 31 octobre 1906, la sortie de la houille, du coke, des scories, du charbon de forge et des combustibles a été frappée d'un droit de douane. Le montant de ce droit était compris dans la valeur. En résumé, nous avons à l'importation la valeur c. i. f. (*coast*, *insurance*, *freight*), à l'exportation la valeur f. o. b. (*free on board*) (1).

Opérations non relevées. — *Classement des opérations.* — La contrebande, malgré l'absence presque complète de droits d'entrée en Angleterre, a encore une certaine importance. En 1908 on compte 4.926 saisies. En 1909, 4.826, portant principalement sur le tabac, les cigares et les alcools étrangers (4.858 et 4.743 saisies pour chacune de ces années et ayant donné lieu au recouvrement de £ 4.468 et 3.770 d'amende) (2).

1. *Annual statement of the trade of the United Kingdom*, vol. I, introduction VII.

2. Renseignements empruntés au cinquante-troisième rapport des *Commisioners of his majesty's customs* pour l'année financière finissant le 31 mars 1909, page 26. Ce rapport ajoute quelques détails sur l'emploi des tabacs saisis. La partie utilisable est envoyée aux hospices d'aliénés criminels Ce qui est impropre à la consommation mais utile pour des fumigations va aux jardins botaniques de Kew et Edimbourg.

D'autre part, on ne reprend pas à l'importation les marchandises suivantes : 1° bagages des voyageurs en tant qu'ils ne contiennent pas de marchandises sujettes aux droits ; 2° poissons et coquillages amenés directement des lieux de pêche par des navires anglais ; 3° provisions de bord ; 4° emballages ; 5° objets importés directement par les ambassadeurs et ministres accrédités ; 6° vieux vaisseaux achetés des étrangers. (L'exportation néglige les art. 1, 3, 4, et 6). L'introduction au volume Ier de *l'Annual statement* fait remarquer que les diamants et pierres précieuses signalés ne représentent que la faible partie de ce commerce. Le numéraire et les métaux précieux (*Gold, Silver, Coin and Bullion*) font l'objet d'une statistique spéciale. Les importations par colis postaux sont traitées séparément au point de vue statistique, selon qu'il s'agit de marchandises passibles de droits ou exemptes. Dans le premier cas elles sont réunies aux marchandises similaires importées par d'autres voies. Dans le deuxième on ne s'occupe que du nombre des colis postaux et de leur valeur. Les exportations par colis postaux sont toutes considérées comme nationales et signalées seulement par le nombre de colis et la valeur.

Avant d'aborder l'étude du classement des diverses opérations, nous croyons qu'il ne sera pas inutile de donner quelques détails sommaires sur la nature de ces diverses opérations. L'admission temporaire (ou commerce de perfectionnement) n'existe pas en Angleterre, mais elle est en quelque sorte remplacée par les travaux en entrepôt et le drawback. Le sucre et le tabac brut, non soumis aux droits d'entrée, peuvent être raffinés ou manufacturés en entrepôt. Si le sucre raffiné et le tabac fabriqué sont déclarés pour la consommation intérieure (*home consumption*), les droits deviennent exigibles ; s'ils sont exportés aucun droit n'est payé. Le drawback est alloué pour certaines marchandises sujettes aux droits, en général pour des articles contenant du sucre et du tabac qui ont été fabriqués en dehors de l'entrepôt avec des matières premières qui ont acquitté des droits. Les entrepôts jouent en Angleterre le même rôle qu'en France. Ils sont la propriété de personnes privées ou de compagnies qui prennent l'engagement de se soumettre aux règles édictées par la Couronne pour la sauvegarde de ses revenus. Leur nombre est de 755 (1).

Les statistiques anglaises ne comprennent pas, à vrai dire, de commerce spécial. Elles ont trois grandes divisions : 1° le commerce général d'importation ; 2° l'exportation des produits anglais ; 3° l'exportation des marchandises étrangères et coloniales. Le commerce général d'importation comprend toutes les marchandises entrant en Angleterre : consommation

1. Cinquante-troisième rapport déjà cité.

(*home consumption*), entrepôt (*bonded warehouse*), transbordement (*transhipment*), sauf le transbordement avec acquit (*under bond*) (1). Ce dernier trafic est relevé à part et n'est pas compris dans le commerce général. Le commerce spécial d'importation est approximativement représenté (p. VI, introduction au vol. Ier de *l'Annual statement*) par la différence entre les importations totales et les exportations de produits étrangers et coloniaux. Pour les principaux articles de chaque pays, le volume II contient : *a*) la valeur et les quantités de marchandises consignées ; *b*) la valeur et les quantités après déduction des réexportations pendant l'année. On a donc jusqu'à un certain point les chiffres du commerce spécial.

Le terme « exportation de marchandises anglaises » comprend non seulement les produits anglais, mais encore les produits étrangers ayant subi en Angleterre une transformation ou un perfectionnement qui augmente sensiblement leur valeur (Cf. l'admission temporaire). Par suite les *exports of foreign and colonial merchandises* renferment, outre le transit sortie, les marchandises étrangères qui quoique étant demeurées un certain temps en Angle-

1. Le transbordement avec acquit n'est en réalité qu'une situation d'attente, car lorsque l'acquit aura été déchargé, la marchandise pourra recevoir toutes les destinations : consommation, entrepôt, exportation. C'est alors seulement qu'elle entrera dans un trafic défini.

terre, n'ont pas vu leur valeur modifiée considérablement par un raffinage ou une fabrication, ou un mélange, ou un conditionnement. Les marchandises qui ont été simplement triées, rempaquetées ou mélangées sont traitées comme étrangères ou coloniales, mais celles qui ont subi une autre main-d'œuvre, quelque minime qu'elle soit, sont comprises dans les exportations de la production ou de la fabrication du Royaume-Uni. Rappelons que les colis postaux rentrent toujours dans cette dernière catégorie.

Provenances et destinations. — A l'importation, la prise en charge s'effectue depuis 1909 (1) au compte du pays d'où les marchandises sont consignées pour le Royaume-Uni. Auparavant l'on se bornait à indiquer les pays d'embarquement pour l'Angleterre, de telle sorte que certains pays, n'ayant pas de ports de mer, ne figuraient pas dans la liste des puissances. La Suisse, la Bolivie, l'Abyssinie, se trouvaient dans ce cas. Pour les autres pays, les chiffres étaient majorés et donnaient une idée inexacte du trafic avec l'Angleterre. La Belgique, les Pays-Bas et l'Allemagne rentraient surtout dans cette deuxième catégorie. L'introduction au volume Ier de l'*Annual statement* pour 1909, fait d'ailleurs remarquer que

1. La méthode anglaise est intervenue en suite du rapport du *Committee appointed by the Board of trade*, juillet 1908. V. Julin, *op. cit.*, p. 206.

la contrée d'où les marchandises sont consignées n'est pas dans tous les cas le pays d'origine, puisque les produits d'un pays peuvent être vendus à un autre pays par une maison de commerce et expédiés après un plus ou moins long intervalle au Royaume-Uni. Dans ce cas, le second pays serait le pays de consignation auquel les marchandises seront créditées dans la statistique britannique.

Les exportations sont imputées au pays de dernière destination, c'est-à-dire au pays pour lequel elles sont consignées, que ce pays soit maritime ou non. Jusqu'en 1908 figurait dans l'*Annual statement* le pays de débarquement. Ce système avait à la sortie le même inconvénient que celui que nous avons signalé pour l'entrée. Le *Board of trade* l'avait du reste si bien compris, que depuis 1904 un supplément. annuel, *blue book*, indiquait les pays de provenance et de destination commerciale des marchandises. A partir de 1909, le mode de dépouillement à l'*Annual statement* sera celui adopté pour ce supplément Mais pour permettre des comparaisons avec les années précédentes, le nouveau supplément donnera les chiffres de la statistique d'après les méthodes usitées avant 1909, par pays d'embarquement et de débarquement. En résumé, l'Angleterre reprend actuellement les pays de provenance et de destination commerciales.

Publications. — Les principales publications officielles sont :

1° Les *Monthly Accounts of trade and Navigation*, publication mensuelle ;

2° *L'Annual statement of trade*, en trois volumes.

Le premier contient les résultats de la statistique par marchandises.

Les *summary tables* groupent les articles suivant la nomenclature indiquée plus haut. Les *abstract tables* ont l'ordre alphabétique.

Les *detailed tables* séparent les articles exempts de droits importés et ceux passibles de droits (tableau 12). Ensuite viennent des tableaux présentant les exportations des produits du Royaume-Uni et des marchandises étrangères et coloniales. Les importations et exportations d'or et d'argent en lingots et monnayés font l'objet des tableaux 17 et 18.

Le deuxième volume est divisé en sept sections.

1° *Abstract tables* (par pays); 2° revenus des douanes; 3° commerce de chaque port ou lieu d'entrée anglais; 4° commerce de chaque pays subdivisé en pays étrangers et possessions anglaises et protectorats ; 5° transbordements avec acquits ; 6° comptes des entrepôts ; 7° transbordements avec connaissements directs pour l'étranger.

Le troisième volume (supplément) donne les chiffres du commerce anglais compilés d'après la méthode antérieure à 1909 (1).

---

1. « By this means it will be possible to trace the details of the differences resulting from the change of system for a

3o Le commerce extérieur anglais forme enfin une section du *Statistical abstract for the United Kingdom.*

AUTRICHE-HONGRIE

Nous avons vu dans le chapitre premier que l'Autriche et la Hongrie, quoique unies politiquement, possédaient une statistique de leurs échanges commerciaux. Nous nous occuperons donc successivement de la statistique austro-hongroise, puis de la statistique hongroise proprement dite.

a) *Statistique austro-hongroise.* — A la fin de l'année 1907 (1) est intervenu entre les pays soumis au *Reichrath* (Autriche et pays cisleithans) et les pays de la sainte couronne hongroise (Hongrie et pays transleithans) un accord posant dans son article premier l'existence d'une seule frontière douanière et par suite constituant une véritable union économique entre l'Autriche-Hongrie, la Bosnie-Herzégovine et la principauté de Lichtenstein.

Déjà, en 1880, avaient été supprimées certaines exclusions douanières (communes de Galicie). Nous avons vu que Jungholz et Mittelberg, étant entourés par la Bavière, font partie du *Zollverein* allemand.

---

further limited period ». Supplément aux volumes I et II de l'*Annual statement* de 1908, p. 12.

1. Le compromis austro-hongrois voté pour dix ans a paru à l'*Officiel* du 31 décembre 1907.

Le 1er juillet 1891 les deux ports francs de Trieste et de Fiume étaient, à leur tour, entrés dans le territoire douanier au point de vue statistique.

Les lois principales et décisions administratives régissant la statistique du commerce extérieur sont la loi du 26 juin 1890 (pays cisleithans), les circulaires des 24 juin 1906, 10, 12 et 23 février 1907 (mêmes pays), la loi XXIII de 1906 (pays hongrois), le rescrit du 5 décembre 1893 (Bosnie et Herzégovine) (1). Il y a en somme trois statistiques parallèles qui sont centralisées à Vienne.

La base fondamentale de la statistique douanière est la déclaration statistique du redevable (*statistische Anmeldscheine*) (2). Tandis que dans la Hongrie, la Bosnie et l'Herzégovine, les employés des douanes vérifient les déclarations et les dépouillent par marchandises pour former les éléments des publications respectives de ces pays et fournir à l'office de Vienne les renseignements nécessaires, en Autriche, les bulletins statistiques (déclarations, reconnaissances des employés de douane, etc.) sont envoyés chaque

1. Il est probable que l'annexion de la Bosnie et de l'Herzégovine à l'Autriche (protocole du 26 février 1909) aura pour effet de rattacher sa statistique du commerce extérieur à celle de la Hongrie.

2. Celle-ci est suppléée par les déclarations postales, copies des certificats de visites de la douane, feuilles enregistrant les déclarations orales, duplicata des déclarations en douane (exportations).

mois au ministère du Commerce où l'on procède à leur mise en œuvre. Comme nous retrouverons plus loin la statistique hongroise, nous nous bornerons pour le moment à signaler plus spécialement la statistique autrichienne (pays soumis au *Reichrath*). Les règles administratives et fiscales sont du reste sensiblement les mêmes et c'est plutôt par quelques points de détail qu'il y a des différences.

Depuis le 1er mars 1907, la déclaration en douane indique le pays d'origine ou (dans le transit) les deux pays d'origine et de destination puis, à l'importation, le lieu de destination définitive et (dans le cas du commerce d'attente) le nom du réceptionnaire définitif; à l'exportation le lieu d'expédition originel et (pour le commerce d'attente seulement) le nom et l'adresse de l'expéditeur. En cas de fausse déclaration statistique,une amende de 2 à 50 gulden (environ de 4 à 100 francs) punit le contrevenant. L'Autriche a, de même que la France, une taxe de statistique de 12 hellers (o fr. 126) par déclaration écrite et de 4 hellers (o fr. 042) par déclaration verbale. Cette taxe ajoutée au produit de la vente des déclarations (2 et 1 hellers) alimente la plus grande partie des dépenses des publications statistiques.

Le contrôle des déclarations s'effectue dans les bureaux de douane. Ceux-ci sont aidés par l'administration des postes (exportations par la poste) et les compagnies de transport. Ces compagnies doivent veiller à l'application des règlements de douane par les expéditeurs et transmettre à cette administration les renseignements statistiques. Le ministère du Commerce à son tour contrôle les documents qui lui sont envoyés (*statistische material*), c'est-à-dire les déclarations et les quantités qui résultent de cet examen. Il se renseigne auprès des personnes compétentes des départements des douanes et impôts de consommation, de gens du métier. Au besoin il consulte les représentants des firmes expéditrices. L'administration des entrepôts de Trieste et du Lloyd autrichien donne des avis pour les pays de destination et le port franc. L'avant-propos de la statistique austro-hongroise (1) auquel nous empruntons ces détails ajoute, fort gravement : « une valeur toute spéciale doit être attribuée à tout ce qui est occasion d'intéresser le public à l'exactitude de la statistique. »

Les tableaux du commerce extérieur, publiés par années civiles, reprennent les marchandises d'après le tarif des douanes qui comprend 51 classes.

1. Denrées coloniales — 2. Épices — 3. Fruits du midi — 4. Sucre — 5 Tabac — 6. Céréales, malt, légumineuses, farines et autres moutures, riz — 7. Fruits, légumes, plantes et autres parties de plantes — 8. Animaux de boucherie et de trait — 9. Autres animaux — 10. Produits d'animaux —

1. *Statistik des auswärtigen handel des Vertragzollgebiet der beiden Staaten der Oster. Ungar. Monarchie*, pour 1908.

11. Graisses — 12. Huiles grasses — 13. Boissons — 14. Comestibles — 15. Bois, charbon et tourbe — 16. Matières à tourner et à tailler — 17. Minéraux — 18. Matières pharmaceutiques et matières pour la parfumerie — 19. Matières tinctoriales et matières à tan — 20. Gommes et résines — 21. Huiles minérales et goudron de lignite et de schiste — 22. Coton, fils et articles en coton — 23. Lin, chanvre, jute et autres végétaux filamenteux. Fils et articles en ces matières — 24. Laines, fils et articles en laine — 25. Soie et articles en soie — 26. Objets confectionnés — 27. Ouvrages de brosserie et de tamiserie — 28. Ouvrages en paille, en jonc, en écorce, en copeaux et en matières similaires — 29. Papier et articles en papier — 30. Caoutchouc, gutta-percha et ouvrages en ces matières — 31. Toile cirée et ouvrages en toile cirée — 32. Cuir et ouvrages en cuir — 33. Fourrures — 34. Ouvrages en bois, ouvrages en matières à tourner et à tailler — 35. Verres et verreries — 36. Ouvrages en pierre — 37. Poteries — 38. Fer et ouvrages en fer — 39. Métaux communs et ouvrages en métaux communs — 40. Machines, appareils et pièces détachées en bois, fer et métaux communs — 41. Machines et appareils électriques et électrotechniques — 42. Véhicules — 43. Métaux précieux, pierres précieuses et mi-précieuses et ouvrages en ces matières. Numéraire — 44. Instruments et horlogerie — 45. Sel de cuisine — 46. Substances chimiques auxiliaires et produits chimiques — 47. Vernis, produits tinctoriaux, pharmaceutiques et parfumeries — 48. Bougies, savons et articles en cire — 49. Matières inflammables — 50. Objets de littérature et d'art — 51. Déchets.

M. Allard, président de la Chambre de commerce belge de Paris, apprécie comme suit le tarif autrichien sur lequel est calquée la nomenclature.

La classification repose sur des principes pratiques... A un autre point de vue, la classification des produits industriels, en tant qu'il s'agit d'articles de même nature, repose sur une triple division qui comprend les matières très fines, fines et ordinaires... Cette spécialisation dans les différents groupes a d'une part pour but une meilleure adaptation des tarifs spéciaux, et d'autre part la tarification des divers articles selon le degré de travail qu'ils ont reçu, d'où il suit que chaque article avant d'être classé est examiné à un double point de vue : la matière et la main-d'œuvre (1).

Les tableaux du commerce extérieur autrichien présentent en outre un double groupement systématique des 657 articles de la nomenclature :

1° D'après la *nature* et *l'espèce* des *marchandises* on a : *a*) matières premières (y compris les déchets) se subdivisant en produits agricoles et forestiers et produits de la pêche (2 rubriques), et en produits des mines et hauts fourneaux (2 rubriques) ; *b*) produits demi fabriqués (21 rubriques) ; *c*) produits fabriqués (25 rubriques) ; *d*) métaux précieux et numéraire.

2° D'après les *branches de production*, on dis-

1. La Statistique douanière internationale. Rapport présenté au IIIe Congrès international des Chambres de commerce. Prague, p. 12 et 13.

tingue les produits de l'économie rurale de la sylviculture et de la pêche ; les produits des mines et hauts fourneaux ; les produits de l'industrie ; les métaux précieux et le numéraire.

Les quantités importées sont exprimées en poids net, et exceptionnellement en poids brut (1) ou en toute autre mesure prévue au tarif (nombre de pièces, etc.). Les exportations directes figurent au contraire d'après le poids brut, de même que le transit. Pour le commerce d'attente on prend toujours le poids net.

Valeurs en douane. — Jusqu'en 1874 l'Autriche n'a utilisé que les valeurs officielles, avec revision de 1862 à 1863. En 1875 une commission d'industriels et de marchands fixa les valeurs pour 1874 et on inscrivit ces taux en face des valeurs officielles. De 1874 à 1878 on employa cette double indication. La résolution du 9 juin 1877 approuva la création, au ministère du Commerce austro-hongrois, d'une commission chargée d'évaluer les marchandises échangées (2). Cette commission permanente, relevant directement du ministère du Commerce, se divise pour l'accomplissement de sa tâche en une section générale et en sections techniques en nombre néces-

1. Marchandises exemptes ou dont le droit de douane ne dépasse pas 7 couronnes 1/2 (environ 7 fr. 88) les 100 kilos.

2. Cette commission impériale et royale pour les valeurs commerciales fonctionne concurremment avec une commission permanente des valeurs en Hongrie, comme nous le verrons plus loin.

saire. La fixation de ces dernières, l'organisation de leurs subdivisions, la répartition des objets à valorer, sont effectuées par ordres de service (*Geschæfts ordnung*). La section générale s'occupe des questions d'intérêt commun et coordonne les valeurs soumises à la revision.

La commission permanente se compose, en dehors du président, de deux représentants des ministères des Finances, du Commerce, de l'Agriculture et de la commission centrale de statistique, d'un représentant de la Chambre du commerce et des professions de la Basse-Autriche et du bureau principal des douanes de Vienne et d'un certain nombre d'autres membres techniques réunis d'après les besoins. Ces derniers sont nommés pour six ans par le ministre du Commerce, parmi les représentants des Chambres du commerce et des professions. Le ministre du Commerce nomme en outre le président et son suppléant. Les membres techniques prennent une part personnelle aux délibérations de la commission permanente ; les autres membres des Chambres du commerce peuvent envoyer des rapports.

Quoiques les places de la commission permanente soient purement honorifiques (un rescrit du 18 décembre 1883 a autorisé ses membres à porter le titre de conseillers commerciaux impériaux et royaux), les commissaires qui ne prennent pas part à ses travaux pendant une année entière sont considérés comme démissionnaires. Il est tenu une session par an. En séance plénière on forme les sections techniques et on détermine l'ordre des travaux qui doit être approuvé par le ministre du Commerce. Les sections techniques (composées d'au moins 3 membres) peuvent consulter des experts. La section générale se compose du président de la commission, des représentants des ministères, de la commission centrale de statistique, de la Chambre de commerce de Vienne et du bureau principal des douanes ainsi que des présidents des sections techniques. Elle a également le droit de recueillir verbalement ou par écrit des avis d'expert.

Depuis le 1er janvier 1891, les valeurs sont fixées par pays d'origine et de destination (1). A l'importation, la valeur calculée au net, comprend le prix du transport à la frontière, mais exclut celui du transport de la frontière au lieu de destination et les droits de douane. A l'exportation, la valeur est calculée au brut. On ajoute au prix d'achat de la marchandise le transport du lieu de production à la douane frontière et les droits de sortie, quand il en existe. La commission ne valore que le commerce spécial et celui d'amélioration (*Veredelungsverkehr*).

---

1. Exceptionnellement pour certaines marchandises, lorsque la valeur n'est pas considérable ou lorsque l'on éprouve une grande difficulté, on prend une valeur moyenne entre les divers pays.

Le transit n'est plus valoré depuis 1894. Le commerce d'amélioration emprunte les taux du commerce spécial, sauf lorsque ceux-ci apparaissent inexacts à la commission.

La statistique austro-hongroise ne tient pas compte de toute une série de marchandises ou d'opérations que nous allons énumérer sommairement : envois par la poste (de 250 gr. au plus, ou transitant); emballages en retour, wagons de déménagement, échantillons de voyageur, emprunt du territoire étranger, bétail envoyé en pacage et produits de ce pacage, pêche côtière et dans les eaux frontières, transit entre le port franc de Trieste d'une part et les entrepôts (avec compte ou fermés) (1) et le vieux port de Trieste de l'autre, trafic frontière et trafic postal pour les quantités inférieures à 0 kgr. 500, bicyclettes et automobiles placés dans le trafic d'attente (Cf. La consignation française), envois de marchandises à l'entrée, à la sortie ou en transit qui ne sont pas l'objet d'un trafic commercial et sont affranchies de droits de douane en cas d'importation (art. 9, 10, 11, 12, 15 et 16 de la loi du tarif du 13 février 1906).

Toutefois sont relevés : 1° les provisions achetées

1. Il s'agit sans doute d'institutions analogues aux institutions allemandes : zoll-conto (compte en douane) et entrepôts réels (sous fermeture ou surveillance de la douane).

à l'intérieur pour l'avitaillement des navires ; 2° les œuvres d'art (art 11 § 1), les antiquités (§ 2), les objets du culte achetés et vendus dans certaines conditions (art. 12 § 1) ; 3° les bâtiments qui sont dépecés et livrés comme bois à brûler ou bois d'œuvre.

La classification des opérations du commerce extérieur austro-hongrois repose sur la division en commerce spécial (*Spezial handel*) et commerce d'attente (*Vormerk verkehr*).

Le commerce spécial comprend, à *l'importation*, les marchandises (d'origines étrangères ou nationales en retour) entrant dans le commerce libre du territoire douanier ; à *l'exportation*, les marchandises sortant définitivement du territoire douanier (marchandises nationales ou nationalisées, marchandises étrangères en retour). Il embrasse donc non seulement l'entrée directe à la consommation ou la sortie de la consommation, mais encore les produits qui, se trouvant originairement dans le commerce d'attente (à l'exception du commerce d'amélioration), sont liquidés dans le cours de l'année, à l'expiration du délai, soit par la mise à la consommation en Autriche-Hongrie, soit par l'exportation définitive.

Le commerce d'attente concerne les marchandises qui, pendant leur séjour en Autriche-Hongrie, sont sous le contrôle spécial de la douane. On distingue entre les marchandises étrangères qui sont entrées dans le territoire douanier sous le régime du commerce d'attente et les marchandises nationales surveillées avant la sortie de ce territoire. Les premières constituent le commerce d'attente entrée, les secondes le commerce d'attente sortie. Quelques détails sur les diverses opérations rentrant dans le commerce d'attente feront mieux comprendre les termes techniques dont nous venons de nous servir. Le commerce d'attente embrasse : 1° le commerce d'amélioration (*Veredelungs verkehr*) assez semblable pour une partie de ses opérations (*Veredelung in Inlande*) à nos admissions temporaires ; l'autre partie (*Veredelung in Auslande*) est le trafic de perfectionnement à l'extérieur : elle correspondrait chez nous à l'exportation temporaire avec transformation (1) ; 2° les divers trafics suivants : réparation et mise au point, échantillons pour la vente, expositions, emballages, autres objets d'un usage passager. Nous ne trouvons pas l'équivalent dans la statistique française de cette seconde partie du commerce d'attente. De ces opérations les unes se rattachent à l'admission et à l'exportation temporaires (réparations, mise au point, emballages), les autres à la consignation (échantillons, objets d'un usage passager)

---

1. L'exportation temporaire n'est accordée en France que pour les objets à réparer ou à mettre au point et pour les emballages.

Les expositions sont en général constituées en entrepôt réel, c'est-à-dire placées fictivement en dehors du territoire douanier. Mais quel que soit le système français pour ces divers trafics, les écritures statistiques n'en font pas mention.

Le transit est relevée à part et ne rentre ni dans le *Spezialhandel* ni dans le *Vormerverkehr*. Les chiffres donnés par les publications autrichiennes (quantités de marchandises seulement) ne concernent que le transit direct, de l'étranger à l'étranger, par l'Autriche.

Les entrepôts ne font l'objet d'aucun compte spécial. Les marchandises placées en entrepôt sont soit dédouanées, et alors elles apparaissent au commerce spécial d'entrée, soit réexportées et elles rentrent dans le transit (1). Il en est de même pour le mouvement des ports francs de Fiume et de Trieste.

Le pays de prise en charge à l'importation est le pays d'origine. Si ce pays n'est pas connu, on indique le pays de provenance commerciale de la marchandise et à défaut le pays d'expédition. Pour les marchandises revenant de l'étranger après amélioration

---

1. *Eine separate Erfassung des Niederlagenverkehrs findet nicht statt. Die transito eingelagerte Ware wird entweder der Verzollung zugeführt und erscheint dann als Einfuhr oder sie wird wieder in das Ausland gesendet und erscheint in diesem Falle als Durchfuhr* (*Statistik der beiden Staaten der Oster Ungar* 1908, p. XXXI).

ou réparation, on indique le pays où a eu lieu l'amélioration ou la réparation. A l'exportation la statistique autrichienne s'attache au pays de consommation ou à défaut à celui de dernière destination. Pour le *Vormerkverkehr*, on indiquera le pays où la marchandise est envoyée en réparation ou amélioration, celui où a lieu l'exposition ou celui où le produit sera consommé. Les ports francs de Fiume et Trieste figurent parmi les comptes de puissances.

Publications. — Elles sont hebdomadaires, mensuelles et annuelles (1) :

a) Le *Statistiche Nachrichten*, journal émanant de la commission centrale de statistique à Vienne, donne toutes les semaines le tableau du commerce importation et exportation avec les pays étrangers et la Hongrie ;

b) Les *Monatsausweise* paraissent chaque mois en cahiers sous le titre : *Aperçus statistiques concernant le commerce extérieur de l'union douanière des deux États austro-hongrois.* Cet aperçu contient, pour chaque article de la nomenclature, les quantités entrées et sorties pendant le mois actuel et les précédents, les valeurs provisoires pour les mêmes

---

1. La statistique du commerce extérieur a coûté en 1909 660.000 couronnes (*Die Grundlage der Statistik des auswärtigen Handels der österreichisch ungarischen Monarchie*). Ces frais sont à peu près couverts par la taxe de statistique et la vente des formulaires.

périodes, la comparaison avec la période correspondante de l'année précédente, les quantités par origines et destinations. En outre, une récapitulation systématique distingue les matières premières, les produits fabriqués et mi-fabriqués. Les chiffres des *Monatsausweise*, tant quantités que valeurs sont provisoires ;

c) La publication annuelle pour 1908 comprend quatre volumes.

Le premier est consacré au *Spezialhandel* et donne, d'après les numéros de la nomenclature, les trafics entrée et sortie. Des récapitulations d'après les classes du tarif et une vue d'ensemble à un point de vue économique complètent les tableaux des marchandises.

Le second a trait au commerce d'attente (*Vormerkverkehr*) et au transit. Les différents genres d'opérations rentrant dans le *Vormerkverkehr* sont présentés séparément pour la première fois. Le commerce d'amélioration (*Veredelungsverkehr*) est signalé d'après les branches d'amélioration. On reprend en un tableau spécial les marchandises sortant du commerce d'attente (excepté le commerce d'amélioration) pour entrer dans le commerce spécial.

Le troisième volume contient la description du commerce spécial par pays d'origine et de provenance.

Le quatrième présente une série de vues d'ensemble

sur les principaux résultats de la statistique du commerce extérieur : des tableaux de l'entrée et de la sortie effectives (*Spezialhandel* et *Veredelungsverkehr*) par espèces des marchandises, avec indication de la part du commerce maritime dans ce commerce effectif et enfin le mouvement des échanges dans les divers ports austro-hongrois.

B. — *Statistique hongroise proprement dite.* — D'après Gyœrgy (1) la statistique hongroise remonte à l'année 1860, si l'on néglige un office créé en 1848 qui n'eut qu'une existence éphémère. En 1867 l'établissement du Gouvernement constitutionnel entraîna la fondation d'un bureau de statistique hongroise et en 1871 on en fit un organe indépendant du ministère de l'Agriculture, du Commerce et de l'Industrie. La septième classe de ce bureau s'occupe de l'industrie, du commerce, des communications et du crédit.

La Hongrie, avec son esprit particulariste qui la place sur le même pied que l'Autriche, a voulu posséder sa statistique propre du commerce extérieur, considérant l'Autriche comme un pays étranger. Pour les échanger avec les autres États de l'Europe la douane placée à la frontière fournissait des renseignements, mais comme entre l'Autriche et la Hongrie n'existait pas de ligne douanière il y avait une difficulté sérieuse à compléter les chiffres du trafic à

1. Statistique officielle de la Hongrie, 1885.

la frontière par ceux du commerce avec l'Autriche.

En 1867, les bases du dépouillement statistique des transactions avec l'Autriche reposaient sur les données des entreprises de transport. On reconnut bientôt l'insuffisance de ces dernières surtout au point de vue des valeurs (1), aussi résolut-on de recourir aux expéditeurs. Mais comme les commerçants et le public en général étaient peu familiarisés avec la nomenclature officielle, on se contenta d'exiger de tout expéditeur une déclaration en double indiquant la dénomination commerciale du produit (loi du 14 mars 1881). Cette déclaration, déposée au bureau de chemin de fer ou de bateau à vapeur, peut être contrôlée par les autorités publiques; au besoin on fait déballer les colis. Les inexactitudes sont punies d'amendes (loi de 1895). L'un des exemplaires de la déclaration est conservé par le bureau expéditeur, l'autre suit la marchandise. Le destinataire doit, lors de la réception, vérifier et conformer par sa signature l'exemplaire qui a accompagné l'envoi. Une convention austro-hongroise règle que la déclaration ainsi conformée est renvoyée au lieu d'expédition pour être confrontée avec l'original.

M. Vargha, directeur de l'Office central statistique du royaume de Hongrie, reconnaît que ce système, qui accepte les dénominations les plus diverses,

1. Vargha, *Rapport à la session de l'Institut international de statistique de Budapest*, 1901.

augmente outre mesure le nombre des marchandises, mais, dit-il, « il rend la matière statistique meilleure, plus authentique et plus conforme à la réalité ». Il y a là peut-être un peu d'exagération et, du reste, malgré les appréciations sympathiques dont cette statistique a été l'objet (1), malgré la déclaration de M. Vargha, « la statistique commerciale hongroise peut se comparer avec les statistiques du commerce extérieur des autres pays », il demeure un aveu précieux de son directeur. A la fin de son rapport à la session de l'Institut international de statistique de Budapest, il concède que cette statistique serait peu pratique pour d'autres pays. Il faut, dit-il en substance, une situation limitrophe, des douanes communes ou, pour le moins, des nomenclatures absolument identiques. Il se borne, par suite, à préconiser entre États des conférences périodiques pour comparer les statistiques, surtout au point de vue des valeurs. En résumé, ce contrôle ingénieux de l'expéditeur par le destinaire constitue une indication très utile pour l'établissement des statistiques des échanges intérieurs dans un même pays, mais il ne saurait avoir la prétention de remplacer la vérification douanière aux frontières. Il se heurte, d'ailleurs, à des difficultés matérielles considérables et renferme

---

1. Voir entre autres Kobatsch, *Die Vergleichbarkeit der Handelsstatistiken Verschidener Länder*. Rapport au Congrès de Prague, 1908, p. 5.

des causes d'erreur infiniment plus nombreuses que dans la statistique telle qu'elle est établie actuellement.

La classification hongroise des marchandises est la même que celle de l'Autriche. Elle comporte un groupement spécial suivant les branches économiques de la destination des produits (A) : 1° produits alimentaires et comestibles [produits de l'économie rurale (3), matières animales (3), produits minéraux] ; 2° animaux vivants (2) ; 3° matières auxiliaires de l'économie rurale et de l'industrie (4) ; 4° industrie (21).

Le dépouillement a lieu au poids brut (B) ou à la pièce. Certaines machines complètes sont relevées à la fois à la pièce et au poids. Pour les transports en wagons-citernes on ajoute une tare légale (en général 18 o/o) (C). Quant aux valeurs (D) la détermination des taux est effectuée par une commission spéciale permanente analogue à la commission autrichienne et qui fonctionne, du reste, parallèlement à cette der-

A) Les chiffres entre parenthèses indiquent le nombre des subdivisions.

B) Le tarif austro-hongrois vise le poids net toutes les fois que le droit est supérieur à 7 couronnes 5, mais la statistique hongroise indique toujours le poids brut.

C) *Commerce extérieur des pays de la Sainte couronne hongroise*, 1908.

D) Jusqu'en 1883, la Hongrie a eu les valeurs déclarées. Actuellement ce renseignement est encore exigé pour un petit nombre d'articles.

nière. Ces deux commissions, après avoir procédé séparément à leurs évaluations, se communiquent leurs résultats. Les divergences sont en général aplanies en ayant recours à des hommes compétents ou à d'autres commissions. Cependant, en 1909, les articles suivants sont demeurés en litige : goudron de houille, poix, chiffons, bonneterie, articles tricotés (vêtements de dessous, gants et autres articles), tulles de soie et vêtements pour dame. Dès lors chaque pays a opéré des évaluations sur des bases différentes. Le mouvement des métaux précieux et du numéraire est indiqué séparément parce que, disent les *Observations préliminaires au tableau du commerce hongrois*, il n'entre pas strictement dans le « mouvement commercial des marchandises ». Les marchandises arrivées ou expédiées par route (sauf celles pénétrant ou sortant par les frontières serbes et roumaines) ne sont pas relevées. Les bois de Bosnie venus par flottage sont pris en charge aux transports fluviaux.

Le transit direct n'est pas dépouillé de même que les retours (marchandises invendues). Le mouvement des entrepôts n'entre en ligne de compte que lorsque la marchandise est livrée à la consommation intérieure. Les objets venant en réparation (admissions temporaires) ou y allant (exportations temporaires) qui jouent un rôle important dans le mouvement avec l'Autriche sont compris dans les importations et les exportations. A la différence de ce qui se passe dans la statistique austro-hongroise, le trafic du port franc de Fiume rentre dans le commerce de la Hongrie. Pour la statistique hongroise il n'existe d'ailleurs ni commerce général, ni commerce spécial : on donne les chiffres se rapportant au trafic tel que nous venons de le décrire. Les pays de prise en charge sont les pays de provenance et de destination. La rubrique « Trieste libre » ne comprend que les articles arrivés du port libre ou expédiés au port libre pour lesquels le pays de provenance ou de destination n'a pu être constaté ou est incontestablement mal déclaré. Le mouvement avec Trieste (le port franc exclu) fait partie des chiffres de l'Autriche.

Les publications sont mensuelles, semestrielles et annuelles.

Belgique

Avant d'aborder l'étude de la statistique commerciale belge, nous citerons *in extenso* l'avis préliminaire de son bulletin mensuel qui montre les faits sous leur vrai jour non seulement pour le cas particulier de la Belgique, mais en général pour tous les pays.

On se plaint parfois des inexactitudes que renferme la statistique commerciale publiée par le Département des Finances, notamment en ce qui concerne les exportations.

L'Administration est la première à regretter cet état de choses qui ne permet pas d'apprécier avec la sûreté désirable l'importance de toutes les branches de commerce de la Belgique avec les pays étrangers ; mais elle ne peut y remédier sans le concours des importateurs et exportateurs.

La statistique commerciale est formée d'après les éléments contenus dans les déclarations d'entrée et de sortie. Or, lorsqu'il s'agit de marchandises exemptes de droits, la douane ne vérifie à l'importation d'une manière détaillée que l'espèce ; elle n'opère qu'un examen sommaire des autres indications des déclarations. A défaut d'intérêt fiscal, la vérification des marchandises exportées sous le couvert de déclarations de libre sortie est toujours fort sommaire ; quand les produits sont emballés, elle est souvent limitée à la reconnaissance des colis. On ne pourrait agir autrement ni dans l'un ni dans l'autre cas sans occasionner des frais considérables au commerce et sans entraver les expéditions. Il en résulte que les inexactitudes contenues dans les déclarations faites pour les marchandises libres importées et les marchandises exportées sont généralement reproduites dans la statistique, et ces erreurs sont le fait des déclarants eux-mêmes.

Pour faire disparaître ces défectuosités, l'administration engage les importateurs et les exportateurs à vouloir bien la seconder en formant toujours lesdites déclarations avec exactitude tant sous le rapport de l'espèce, de la quantité et de la valeur des produits que de leur provenance et de leurs destinations réelles.

Pour compléter encore ces recommandations, le ministre des Finances, M. Smet de Nayer, envoyait, le 28 janvier 1901, aux présidents des Chambres de commerce une lettre qui insistait à nouveau sur la nécessité pour les déclarants de déposer en douane des déclarations complètes et précises.

La déclaration, base des données statistiques est réglée par la loi du 26 août 1822. L'article 143 prévoit une amende en cas d'exportation sans déclaration. Les marchandises sont, depuis 1908 (1), groupées en quatre grandes catégories :

1° Animaux vivants.

2° Boissons et objets d'alimentation	Boissons	
	Objets d'alimentation	Matières animales
		Matières végétales
		Autres objets d'alimentation

3° Matières brutes ou simplement préparés........	Matières animales.
	— minérales.
	— végétales.
	— diverses.

4 Produits fabriqu és.

Le nombre d'articles est relativement peu considérable : 430.

Le poids des marchandises est indiqué depuis 1901.

---

1. Pour la critique du système belge antérieur à 1908 Voir Allard, *op. cit.*, p. 14.

C'est soit le poids de la déclaration, soit, pour certaines marchandises énoncées au mètre cube (bois de chêne, de noyer et de construction autres) ou à l'hectolitre (bières, vins et autres boissons fermentées, crème et lait, eaux-de-vie, liqueurs et autres liquides alcooliques, vinaigres et acides acétiques liquides) le résultat obtenu à l'aide des taux de conversion. Les chiffres donnent le net réel ou légal (obtenu par déduction des tares officielles).

La Belgique a encore la taxation *ad valorem* pour une grande quantité de marchandises : sur 430 catégories de marchandises 127 ont leur valeur fixée par les déclarations (1). Pour celles-là la statistique s'empare de l'élément de taxation et l'applique à la valoration de l'importation, de l'exportation et du transit. Les autres marchandises (non taxées *ad valorem*) sont l'objet de valeurs officielles « fixées d'une manière générale en tenant compte de l'importance relative des diverses espèces et qualités comprises sous une même rubrique, mais sans établir de distinction entre les différents pays de provenance et de destination » (2). Mais on n'a pas tardé à s'apercevoir que la valeur d'un produit diffère souvent suivant la provenance. Aussi depuis 1906 on a distingué les

1. Julin, *Précis du cours de statistique*, p. 183. — La valeur est déclarée : 1° pour les marchandises taxées *ad valorem ;* 2° pour les marchandises exemptes.

2. *Observations préliminaires du tableau du commerce extérieur belge.*

valeurs officielles d'après les pays de provenance. On fait rentrer à cet effet dans la valeur d'une marchandise : 1° à l'importation le prix de cette marchandise au pays de provenance augmenté des frais d'expédition et de transport jusqu'à la frontière belge, à l'exclusion des droits de douane et d'accise; 2° à l'exportation le prix de la marchandise en Belgique, les frais d'expédition et de transport jusqu'à la frontière.

Les valeurs officielles sont revisées chaque année par une commission spéciale instituée par le ministre des Finances et formée de fonctionnaires. La revision a pour base : 1 les prix courants de la Bourse d'Anvers; 2° les mercuriales officielles dressées par l'administration de l'agriculture; 3° les renseignements fournis par l'administration des mines, le service des accises et la direction de l'industrie; 4° les rapports des Chambres de commerce et des fabriques indiquant le prix moyen des marchandises qui font l'objet principal du commerce de leur ressort et les taux d'évaluation fixés annuellement par elles pour ces marchandises ; 5° les indications données à titre personnel par des industriels et commerçants, principalement pour les produits fabriqués. Chaque année le bureau central de statistique s'adresse à un certain nombre de ces industriels et commerçants.

Le secrétaire de la commission propose les valeurs

officielles lorsqu'il est en possession de tous ces renseignements. La commission arrête les valeurs après discussion et parfois examen des statistiques étrangères. On publie ensuite les valeurs officielles adoptées.

La statistique belge ne relève pas au commerce international les opérations suivantes : objets introduits par les ambassadeurs — voitures, vélocipèdes, chevaux, automobiles, bagages des voyageurs — trafic frontière (animaux envoyés ou venant en pacage, récoltes, engrais, semences des propriétés limitrophes) — provisions de bord — marchandises importées par mer et transbordées au port d'importation directement pour l'étranger — marchandises refoulées par suite de prohibitions ou invendues aux foires — objets de déménagement — emballages — échantillons — marchandises dévoyées, non livrées ou frappées de prohibition — pigeons-voyageurs pour lâchers — titres, valeurs — cabotage et emprunt du territoire étranger. Le numéraire fait bien l'objet d'un dépouillement spécial, mais l'avant-propos du *Tableau de commerce extérieur belge* insiste sur les omissions inhérentes à ces échanges. Les marchandises transportées par colis postaux sont à la fois signalées à part et comprises dans le tableau d'ensemble de développement des marchandises. La statistique spéciale des colis postaux distingue les importations pour la consommation, les exportations et le transit. Dans le transit, lorsque les renseignements sont insuffisants, les marchandises ne sont pas spécifiées et on se borne au poids et à la valeur moyenne. Par ailleurs, la valeur est celle déclarée ou reconnue par les employés de douane. Les colis postaux de 5 kilos et moins et ceux de 5 à 10 kilos sont repris distinctement, sauf pour le transit.

Le commerce extérieur belge est divisé en commerce général et spécial. Le premier embrasse à l'importation toutes les marchandises entrant en Belgique sans avoir égard à leur destination ultérieure (consommation et entrepôt, transit), à l'exportation tout ce qui passe à l'étranger (produits belges et étrangers). Le commerce spécial comprend : *a*) à l'importation : 1° les marchandises déclarées pour la consommation intérieure (importation directe ou sortie d'entrepôt) ; 2° les produits admis temporairement en franchise totale ou partielle des droits pour recevoir une main-d'œuvre dans le royaume (art. 40 de la loi du 4 mars 1846, modifié par l'art. 4 de la loi du 12 juillet 1895) ; *b*) à l'exportation les marchandises belges (les produits étrangers ayant reçu un complément de main-d'œuvre sont assimilés aux produits belges) et étrangères nationalisées (1). A part les admissions temporaires,

---

1. Les marchandises belges envoyées à l'étranger pour y subir une main-d'œuvre et être ensuite réimportées (loi du

on retrouve ici le système français. Comme en France il se présente le cas d'un commerce spécial momentanément supérieur au commerce général.

D'autre part, le transit ne pouvant s'accomplir comme chez nous, qu'avec de multiples formalités (déclaration générale et en détail, emballages fermés sauf de rares exceptions, plombage et surveillance de la douane) les marchandises exemptes de droits d'entrée sont toutes déclarées pour la consommation, alors même qu'elles ne font que traverser la Belgique (1). On a encore ici le « transit déguisé ». M. Armand Julin, dans son excellent *Précis du cours de statistique*, montre, par l'exemple frappant du café, l'influence des droits de douane sur l'exactitude des déclarations pour la consommation (2).

Après s'être attaché aux pays de provenance et de destination immédiate (3), la Belgique a cherché à se

---

29 mars 1873) ne sont pas comprises dans le commerce général ni dans le commerce spécial.

1. Ne sont pas considérées comme nationalisées les marchandises qui n'ont été déclarées en consommation que pour être soustraites aux formalités inhérentes au transit (art. 4 de la loi du 26 août 1822 et 8 de la loi de tarif du même jour. Voir aussi paragraphe 61 des *Observations préliminaires du Tarif des Douanes* de 1900, p. 14). Il y a là un essai de correction des statistiques pour réduire les erreurs provenant du transit déguisé.

2. P. 197, *op. cit*. En 1903, après la suppression des droits sur les cafés, l'importation pour la consommation s'éleva de 23.523.000 kilos à 70.028.000 kilos.

3. De 1831 à 1840. Julien, *op. cit.*, p. 201.

renseigner sur les échanges commerciaux proprement dits :

La statistique commerciale n'étant pas une statistique de production, mais bien une statistique d'échanges internationaux, ce n'est pas le pays d'origine des marchandises qu'il y a lieu d'indiquer, c'est le pays de provenance. Le pays d'origine est celui où la marchandise a été produite. Le pays de provenance est celui d'où la marchandise a été expédiée à destination de la Belgique soit directement, soit en transitant par d'autres pays même avec changement des moyens de transport, mais sans qu'elle ait fait dans ces derniers pays l'objet d'une transaction commerciale de nature à la nationaliser. C'est le pays expéditeur, le pays de provenance que le commerce est tenu de déclarer (1) et que les agents de la douane doivent indiquer dans leurs écritures. Le pays de provenance peut être en même temps le pays d'origine ; c'est ce qui se présente chaque fois que la marchandise est un produit du pays d'où elle est expédiée... Les mêmes règles sont à suivre quant à l'exportation. Le pays de destination est celui vers lequel la marchandise est réellement expédiée, que cette marchandise soit d'origine belge ou qu'elle ait été nationalisée (2).

Comme application de ces règles, les produits

---

1. Art. 120 et 143 de la loi générale du 26 août 1822.
2. *Tableau du commerce extérieur de la Belgique*. Introduction. — Extrait de l'instruction du 15 décembre 1900; relative à l'indication des pays de provenance et de destination.

sortant des entrepôts étrangers sont portés au compte de ces pays d'entrepôt. Les receveurs des douanes ont d'ailleurs toute latitude pour procéder à des investigations en vue du contrôle des déclarations : examen des marques, étiquettes, adresses des colis, production des lettres de voiture, connaissements et autres documents relatifs aux transports, interrogatoire des bateliers. S'ils acquièrent la certitude d'une fausse indication de provenance ou de destination, ils rectifient d'office la déclaration.

En présence de tout ce que nous venons de voir, on ne sera pas étonné de lire les éloges que M. Yves Guyot décerne aux publications belges dans son livre récent, le *Commerce et les Commerçants* (Voir p. 335). Nous y souscrivons, d'ailleurs, très volontiers. Le *Tableau du commerce extérieur belge* est un modèle. Il paraît annuellement en juin. Le 15 de chaque mois le *Bulletin mensuel du commerce spécial de la Belgique avec les pays étrangers*, donne des chiffres concernant les principales marchandises.

Ce qui caractérise le *Tableau annuel* et en fait un modèle, c'est son ensemble méthodique et complet. En tête, des observations préliminaires donnent tous les renseignements utiles pour l'interprétation des tableaux statistiques. On voit à la fois la manière de procéder des statisticiens belges et on est mis en garde contre l'importance à attacher à certaines données. Nous sommes esclaves des Nombres, dirait M. Paul Adam (1), mais cet esclavage ne doit pas se changer en soumission aveugle. — Des résumés montrent le mouvement du trafic belge depuis 1831 et de superbes graphiques et diagrammes reposent de l'aridité des chiffres et les rendent plus nets à l'esprit. L'outillage économique (chemins de fer, ports) est décrit magistralement avec, à l'appui, de nombreuses cartes. Les tableaux de développement des marchandises enfin, sont clairs, précis et complets. La même feuille double présente l'importation (quantités, mode de transport, valeurs, taux d'évaluation pour le commerce général et spécial, droits perçus) ; 2° l'exportation (mêmes données moins les droits perçus) ; 3° le transit (*entrée*, provenance, quantité, valeur ; *sortie*, destination, quantité, valeur, taux d'évaluation). Dans le tableau de la navigation, on trouve un relevé des matériaux servant à la construction, à l'armement, au gréement et à l'ameublement des navires et bateaux (arrêté ministériel du 25 mai 1900). Ces matériaux jouissent de la franchise ou du *drawback* sous certaines conditions.

Nous examinerons plus loin les enseignements et améliorations à retirer de la statistique belge en ce qui concerne la statistique française.

---

1. Voir dans un de ses derniers livres, *Le Trust*, les idées pythagoriciennes qu'il développe à maintes reprises.

BULGARIE

La Bulgarie, qui s'est signalée au monde politique ces dernières années, a fait de louables efforts pour la statistique de son commerce extérieur. Depuis 1898, la direction de la statistique concentre les renseignements extraits des déclarations et quittances de douane déposées par les commerçants dans les bureaux de douane pour pouvoir disposer des marchandises (1).

A l'importation et à l'exportation, les produits sont classés suivant leur nature et leur espèce (2) en 791 groupes et ces derniers répartis en 27 catégories :

Animaux vivants. — Produits alimentaires d'animaux. — Céréales et divers produits des blés. — Fruits, légumes, graines et végétaux. — Denrées coloniales. — Boissons spiritueuses. — Conserves et confitures. — Engrais et

---

1. Auparavant ce travail était confié au personnel des douanes, mais ce dernier fut reconnu insuffisant en nombre (*Statistique du commerce du royaume de Bulgarie avec les pays étrangers*, 1907).

2. Cette classification présente ce fait particulier d'être conçue et exécutée en dehors du tarif. Voir Julin (*op. cit.*, p. 154). Ce dernier préconise du reste le système : « La classification est établie d'après une conception scientifique et son maintien ou sa réforme ne dépendent plus des retours offensifs du libre échange ou du protectionnisme. »

déchets. — Combustibles. — Produits chimiques. — Tanins et matières tinctoriales. — Couleurs et vernis. — Résines, huiles minérales et matières collantes. — Huiles, graisses, cires et produits de ces matières. — Matières pour usage médical (drogues) et médicaments. — Parfumeries. — Pierres, terres, verres et leurs produits. — Métaux et produits de l'industrie métallurgique. — Matières brutes et produits des industries du bois, de la sculpture et du tressage. — Matières et produits de la papeterie. — Peaux et produits de la peausserie. — Matières et produits textiles. — Caoutchouc, gutta-percha et leurs produits. — Wagons de chemins de fer, voitures et bateaux. — Machines, instruments et appareils. — Quincaillerie, Bimbeloterie et menus articles de luxe (bijouterie). — Publications littéraires et arts plastiques. — Articles non dénommés.

Jusqu'en 1906 les marchandises étaient taxées *ad valorem ;* depuis cette époque on a des droits spécifiques à l'importation. A l'exportation, depuis 1881, il existe des droits de douane d'après des valeurs fixées au préalable. Le paragraphe 4 du règlement de 1897 stipule que l'évaluation doit se faire de la manière suivante :

A la valeur de chaque marchandise (importée ou exportée) faisant l'objet de vente en gros dans le lieu de son origine, dans celui où elle a été achetée ou bien dans celui où elle est arrivée (1) doivent être ajoutés les frais du transport, de

1. Les prix moyens des marchés sont recueillis hebdoma-

l'emballage, de l'assurance, de la commission et autres jusqu'à son arrivée dans la douane par laquelle elle est importée ou exportée.

Il y a là, comme le dit M. Bateman dans son rapport à la session de l'Institut international de statistique de Londres (1905), « un système de valeurs déclarées calculées d'après un plan uniforme ».

Le *Tableau du commerce extérieur* donne séparément 1° l'importation ; 2° l'exportation ; 3° le transit ; 4° les entrepôts. On range dans la première catégorie les marchandises importées pour la consommation et soumises aux droits (y compris celles extraites des entrepôts et les achats faits par l'État à l'étranger). Ne sont pas compris dans l'importation : l'admission temporaire, les produits exportés à l'étranger et en revenant après main-d'œuvre, les monnaies, les marchandises transitant. L'exportation ne vise que les marchandises nationales ou nationalisées par le paiement des droits.

Les réexportations d'admission temporaire, les produits exportés à l'étranger pour subir un perfectionnement ou exportés temporairement avec réserve de retour, les monnaies, sont exclus de la sta-

---

dairement par 62 administrations municipales et inscrits sur des formulaires spéciaux envoyés par la direction de la statistique. C'est d'après ces données que l'on calcule les prix moyens annuels pour chaque ville séparément et pour tout le royaume en général.

tistique d'exportation. Le transit déclaré et examiné par la douane est seul relevé. Le transit direct des gros envois par les lignes de chemin de fer pour lequel on ne possède pas les renseignements statistiques nécessaires (poids net, valeur) et qui n'est pas vérifié par la douane n'est pas relevé. Quant aux entrepôts, leur compte est présenté globalement et on ne donne aucun renseignement sur les marchandises extraites pour la consommation.

En principe on doit imputer les importations et les exportations aux pays d'origine et de consommation. Mais dans la pratique on se contente du pays de provenance première et du pays de destination définitive (§ 4 du règlement de 1897). La production des lettres de voiture et factures est exigée des déclarants. Parfois la douane se trouve dans l'impossibilité de connaître le véritable lieu de destination c'est le cas pour les céréales exportées par Braïla (Roumanie). On les inscrit alors à un compte spécial: lieux de destination indéterminée.

Le tableau du commerce extérieur publié annuellement en français et en bulgare contient, avec des diagrammes en couleur, un avant-propos donnant toutes explications sur la statistique présentée.

Danemark

D'après le Congrès de réglementation douanière de 1900 et les rapports de Sir Bateman aux sessions de l'Institut international de statistique de 1899 et 1905, les déclarations, obligatoires, même pour les marchandises exemptes, sont adressées au bureau central de statistique qui coordonne tous ces renseignements. A *l'importation* on indique l'espèce de la marchandise, le lieu d'importation, les quantités totales importées, les quantités entrées en entrepôt, les quantités rectifiées (*berigtigede*), les droits perçus ; à *l'exportation*, l'espèce, le lieu de destination, les quantités totales exportées, les articles de production ou fabrication indigène, les articles de production ou fabrication étrangères : ceux qui sont exempts de droits, ceux non vérifiés provenant des entrepôts de l'Etat ou des particuliers (Cf. l'entrepôt fictif français) et ceux transbordés, les exportations avec drawback et le montant de ces drawbacks.

La nomenclature comprend 24 groupes de marchandises avec des subdivisions. Un tableau résumé distingue : 1° les denrées alimentaires et leurs dérivés ; les objets d'habillement, de trousseau et les objets similaires d'usage personnel ; 3° les combustibles ; 4° les fourrages, engrais, graines à ensemencer ; 5° les matières premières et objets servant à l'agriculture, à l'industrie, à l'échange. La valeur des marchandises est arbitrée officiellement d'après les renseignements et avis d'associations commerciales et d'un grand nombre de particuliers, négociants ou fabricants.

A l'importation, on table sur le prix d'exportation de l'étranger et on y ajoute les frais de transport des marchandises en Danemark. A l'exportation, on totalise le prix d'exportation à l'intérieur et les frais d'envoi des marchandises sur le marché étranger (1). Les métaux précieux ne sont pas relevés séparément (2).

Le Danemark possède un port franc : Copenhague. Le trafic de Copenhague est compris dans le commerce général (importations et exportations générales), mais ne l'est pas dans la rubrique : « Entrées pour la consommation » qui correspond à peu près à notre commerce spécial entrée. Les entrées pour la consommation sont à la fois les marchandises importées directement et celles qui sortent du port franc ou des entrepôts. De même les admissions temporaires, les entrepôts (3) et le transit font partie du commerce général seulement ; mais tandis que les premières ne sont pas l'objet d'un relevé spécial, on peut se rendre compte du transit à l'exportation.

En ce qui concerne les pays de provenance et de

1. C'est une exception au système généralement adopté de la valeur à la frontière (V. Rapport Bateman au Congrès de Londres, 1905).

2. *Annales du Commerce extérieur*, 1909, fasc 3.

3. Les entrepôts danois sont assez semblables aux entrepôts allemands. Voir sur ce point le n° des *Annales des Douanes* du 1er février 1911, p. 34.

destination, un mémoire publié en 1899 par le bureau de statistique danois explique que souvent on se contente « du dernier pays d'où vient et du premier pays où va la marchandise au lieu de pousser jusqu'au vendeur et à l'acheteur ». Copenhague figure comme compte spécial dans les entrées pour la consommation.

Annuellement paraît le *Statistik Tabelvaerk* qui, depuis 1841, donne le chiffre des importations et 1838 celui des exportations. Un *Annuaire statistique du Danemark* a été créé en 1869.

Espagne

Les marchandises sont réparties en 13 classes à l'importation et à l'exportation, mais le nombre des subdivisions varie suivant qu'il s'agit de l'une ou de l'autre. On compte 697 articles à l'entrée et 382 seulement à la sortie. Un tableau résumé groupe : 1° les matières premières; 2° les articles fabriqués ; 3° les substances alimentaires. L'or et l'argent font d'ailleurs l'objet de deux rubriques spéciales.

Les unités sont celles du tarif, c'est-à-dire le kilo, la tonne, le mètre cube, le litre. Le poids est brut ou net d'après les exigences de ce même tarif. Un décret royal de 1882 a institué la commission des tarifs et valeurs en douane sous la présidence du ministre des Finances. Elle se compose de 5 membres de droit, 36 membres divers (sénateurs, députés, fonctionnaires, négociants, etc...) (1). A l'importation, on table sur la valeur des marchandises au moment où elles vont passer la frontière, avant qu'elles aient été frappées des droits de douane. Pour les articles du tarif ne comportant qu'une seule marchandise, le taux moyen adopté est celui de l'espèce ou de la catégorie importée en plus grande quantité. Lorsque les articles du tarif comprennent diverses marchandises, on base l'évualuation sur le prix de la marchandise qui a donné lieu à la plus forte importation ; quand ces marchandises ont été importées en quantités sensiblement égales on prend le prix moyen. A l'exportation, on calcule la valeur au point frontière, déduction faite des droits d'exportation. La commission s'éclaire par les mercuriales, les rapports des consuls et les recherches de l'administration des douanes qui exige du commerce les factures originales ; elle devrait reviser ses estimations chaque année, mais elle ne le fait pas toujours.

Le commerce extérieur espagnol se divise : 1° à l'importation en importations générales, spéciales, temporaires ; une quatrième classe embrasse les marchandises espagnoles en retour de l'étranger ;

---

1. Alfred Picard, *Rapport à la session de la commission des valeurs de 1893 (Annales du Commerce extérieur* 1893, 7 et 8e fasc. p. 66 à 68).

2° à l'exportation en exportations générales, temporaires. On a de même une classe pour les marchandises étrangères renvoyées à l'étranger. Sont considérées à part et indépendamment des trafics que nous venons d'énumérer les marchandises entrant ou sortant des entrepôts, celles transitant et celles admises temporairement pour être transformés (1). Les marchandises espagnoles empruntant un territoire étranger sont relevées spécialement.

Les importations générales sont les importations pour la consommation. Les importations spéciales comprennent les marchandises pour la construction, la fabrication, la réparation des coques de navire et des chaudières, celles destinées aux établissements publics, les armes, munitions et approvisionnements pour le ministère de la Guerre, le tabac pour la Compagnie fermière et les particuliers, l'or et l'argent en barres, plaques et monnaies, les produits saisis pour circulation en contravention aux règlements (par exemple pétrole et huiles minérales qui dans la distillation laissent un résidu de moins de 20 o/o). Parmi les importations temporaires on peut citer les récipients et emballages à remplir, les échantillons de voyageur, le bétail (en pacage ou admis temporairement pour usages agricoles), les voitures appartenant à des particuliers, les machines agricoles, les cirques

---

1. *Estadistica general del commercio exterior de España*, 1908.

et le matériel forain, les articles destinés aux expositions. De tout ce qui précède il résulte que ces importations temporaires visent des objets qui, après un séjour plus ou moins long en Espagne, sont réexportés à l'identique.

A l'exportation, nous retrouvons à côté des exportations générales les exportations temporaires (récipients, échantillons, etc.) et les marchandises étrangères renvoyées à l'étranger (mêmes articles). Les entrepôts espagnols comportent certaines modalités, telles que l'entrepôt spécial des vins de Pasajes (destiné au coupage des vins espagnols par les vins étrangers) et les entrepôts flottants pour la houille de Cadix, Corcubion, Vigo et Valence. On donne des renseignements sur la quantité et la valeur des marchandises entreposées. Pour le transit international, comme l'indication de la valeur n'est obligatoire ni à l'entrée ni à la sortie, on se borne à relever les quantités par groupes génériques suivant une nomenclature beaucoup moins détaillée. La faculté de l'admission temporaire pour transformation est limitée à un très petit nombre de produits : résine américaine pour la fabrication des savons (ord. du 29 juil. 1893), filasse de lin pour la fabrication des tissus (ord. du 14 juil. 1902), cylindres de cuivre pour gaufrer des tissus (ord. du 13 avril 1903), noix de coco pour la fabrication de l'huile (ord. du 21 juin 1902). Les quantités seulement figurent au tableau spécial annuel.

Les tableaux de développement des marchandises indiquent à l'importation les pays d'origine et de provenance et à l'exportation les pays de destination immédiate et de destination réelle. L'examen des chiffres portés aux diverses rubriques semble bien montrer que, comme le dit M. Charles Legrand, « la classification est tout à fait rudimentaire et ne présente dès lors que peu de garanties d'exactitude » (1). Ce qui est le plus exact, c'est la prise en charge par pays de provenance et de destination immédiate. Les pays dits « d'origine et de destination réelle » sont le plus souvent ceux d'expédition et de destination première.

Depuis 1850 paraissent les résultats annuels de la Statistique du Commerce extérieur élaborés d'après les principes que nous venons de résumer brièvement.

Grèce

Les marchandises sont divisées tant à l'importation qu'à l'exportation en vingt catégories basées sur celles du tarif. Un tableau résumé donne quatre rubriques : objets d'alimentation, matières premières, objets fabriqués, autres marchandises. On compte 365 numéros à l'entrée et 130 à la sortie. Les unités de

---

1. Rapport présenté au Congrès de Prague en 1908. *Bulletin de la Chambre de Commerce*. Paris, 1908, n° 52, p. 1750.

dépouillement sont des mesures grecques : ocques, etc. Avant 1889, les marchandises étaient valorées au moyen de taux officiels. Depuis, une commission spéciale fait des évaluations revisées périodiquement en se basant sur les prix moyens, mais sans comprendre les droits dans le calcul de la valeur. Le commerce spécial est seul publié annuellement. Par trimestres paraissent les comptes d'entrepôts et de transit. L'admission temporaire est regardée comme transit et globalement reprise avec lui d'après la valeur seulement (1). Les pays de prise en charge des marchandises sont, à l'entrée le pays d'importation immédiate, à la sortie le pays de dernière destination. Le tableau annuel est en français et en grec, mais il est complètement dépourvu de notices explicatives.

Italie

La statistique du commerce extérieur de l'Italie a ses règles codifiées dans l'instruction ministérielle du 7 janvier 1909.

Les déclarations déposées au bureau de douane sont, après vérification, dépouillées par catégorie de marchandises à ces mêmes bureaux. Ceux-ci envoient des relevés statistiques aux douanes principales (*Principalità*) qui renseignent à leur tour l'Office

1. Rapport Bateneau. Session de l'Institut International de Londres, 1905.

général du ministère des Finances appelé *Ufficio Tratiati e Legislatione doganali.*

La nomenclature italienne répartit les marchandises en 19 catégories : Spiritueux, boissons et huiles. Denrées coloniales, épices et tabacs. Produits chimiques, médicaments, résines et parfumerie. Couleurs et ingrédients par la teinture et la tannerie. Chanvre, lin, jute et autres filaments végétaux, excepté le coton. Coton. Laines, crins, poils. Soie. Bois et paille. Papier et livres. Peaux. Minerais, métaux et ouvrages en métaux. Véhicules. Pierres, terres, poteries, verres et cristaux. Caoutchouc et gutta-percha et leurs ouvrages. Céréales, farines, pâtes et produits végétaux non compris dans d'autres catégories. Animaux, produits et dépouilles d'animaux non compris dans d'autres catégories. Objets divers. Métaux précieux.

Comme on le voit au simple énoncé de ces catégories on prend la matière première et on la suit dans toutes ses transformations. Il y a là comme un schéma de la production. Les 1202 articles de la nomenclature (entrée et sortie) sont groupés en quatre tableaux spéciaux : 1° matières nécessaires à l'industrie, brutes ; 2° autres matières nécessaires à l'industrie; 3° produits fabriqués ; 4° objets d'alimentation et animaux vivants.

Les quantités indiquées dans les statistiques par leurs poids représentent : 1° à *l'importation* : *a*) le poids brut pour les marchandises exemptes de droits (à l'exclusion des œufs de vers à soie) ou sujettes à des droits de 20 lires et moins le quintal ; *b*) le poids net légal pour les sucres, cafés, huiles minérales et résineuses, les fils et tissus sujets à un droit supérieur à 20 lires le quintal, les autres marchandises sujettes à un droit supérieur à 20 lires et de 40 lires au plus ; *c*) le poids net réel pour les marchandises non reprises sous la lettre *b* payant plus de 40 lires le quintal ; 2° à *l'exportation* : *a*) le poids net réel pour les marchandises bénéficiant d'un drawback, certaines essences, le tabac fabriqué, les alcalins, les œufs de vers à soie, le corail brut ou travaillé (1) ; *b*) le poids brut pour toutes les autres marchandises.

Une commission centrale des valeurs douanières a été instituée en 1894 auprès du ministère de l'Agriculture, de l'Industrie et du Commerce. Composée de fonctionnaires et de délégués de corps consultatifs de l'État elle enquête auprès des douanes (les valeurs sont différentes suivant les origines), des Chambres de commerce, des comices agricoles, etc., pour déterminer le prix moyen des marchandises. L'importation et l'exportation sont évaluées séparément. A l'importation on se base sur la valeur de la marchandise arrivée à la frontière, le droit de douane non

1. Renseignements extraits de l'avant-propos du *Bulletin statistique mensuel italien.*

compris. A l'exportation on ajoute au prix de l'intérieur les frais de transport à la frontière.

Les marchandises expédiées par colis postaux ne font pas l'objet d'une statistique spéciale. D'après l'instruction ministérielle du 7 janvier 1909 (art. 445), les registres de quittances d'importation par colis postaux sont dépouillés par catégorie de marchandises et par déclaration sur des feuilles spéciales qui sont ensuite totalisées et centralisées.

Le mouvement des métaux précieux fait l'objet d'une statistique double. Il y a d'abord les chiffres résultant des déclarations en douane à l'importation et à l'exportation, puis, d'après les indications de M. Ferraris, il est dressé un second relevé basé sur les renseignements fournis par le Trésor, les chemins de fer, les postes, les sociétés de navigation, les établissements de crédit. Inutile d'ajouter que les deux relevés ne cadrent jamais. Il est certain, d'ailleurs, que si toutes les administrations et sociétés qui aident à la formation de ce second relevé envoient des bulletins confectionnés avec soin, il a plus de chance de se rapprocher de l'exactitude (1).

La statistique italienne du commerce extérieur

---

1. M. Denis, professeur à l'Université de Bruxelles, recommande chaleureusement la méthode de M. Ferraris qui est appliquée depuis 1886. D'après son rapport au Congrès de Mons la Suisse et la Hollande seraient entrées dans cette voie.

groupe les opérations en commerce général et spécial. Le premier comprend : 1° à l'importation toutes les marchandises introduites de l'étranger soit pour la consommation directe, soit pour la mise dans les *depositi doganali, magasini generali depositi franchi* les importations temporaires pour transformation ou pour servir de matières premières (1) en vue de produits à exporter ; 2° à l'exportation, toutes les marchandises exportées produites en Italie, fabriquées avec des matières premières admises temporairement ou extraites des dépôts de douane, magasins généraux et ports francs.

Le commerce spécial embrasse : *A. — A l'importation : a*) les marchandises entrées dans le royaume pour la consommation, venues directement de l'étranger ou sorties des entrepôts ; *b*) les marchandises étrangères admises temporairement et déclarées pour

---

1. *Movimento commerciale del regno d'Italia*, 1908, p. CLXXVI. C'est seulement depuis le 1er janvier 1908 que le commerce général comprend ces trois catégories. D'après M. Bodio (Rapport au conseil du commerce italien, session de mai 1893, inséré dans le tome VII, 1re livraison du *Bulletin de l'Institut international de statistique*, p. 25 et suiv.) les *depositi doganali* sont en partie propriété de l'État, sous la surveillance directe de la douane et jouent le rôle de nos entrepôts réels. Les *magasini generali* sont tenus par des sociétés à la disposition des diverses maisons commerciales et ne sont pas soumis à une réglementation aussi stricte (cf. nos entrepôts fictifs). Les *depositi franchi* sont semblables aux anciens ports francs mais restreints à un faible territoire. Le seul existant, à notre connaissance, est celui de Gênes.

la consommation ou considérées comme mises à la consommation pour défaut de réexportation à l'expiration du délai fixé ; *c*) la soie et les déchets de fils de soie teints à l'étranger et réimportés et les marchandises nationales réintroduites en franchise après main-d'œuvre à l'extérieur ; *d*) les matériaux importés de l'étranger par application des lois sur la marine marchande pour servir à la construction ou à la réparation des navires ; *e*) certaines marchandises importées temporairement de l'étranger comme matières premières pour la fabrication de produits à exporter(sucre, coton, filé, déchets de soie, tôles étamées, froment, destinés à être travaillés, chiffons pour le triage, métaux, soie importée pour être teinte) (1) ; *B. — A l'exportation : a*) les marchandises nationales ou nationalisées exportées définitivement à destination de l'étranger, y compris celles fabriquées en tout ou partie avec les matières premières admises temporairement ; *b*) les marchandises nationales exportées temporairement et non réimportées à l'expiration du délai ; *c*) les céréales exportées temporairement pour la mouture ; *d*) la soie brute et les déchets de filés de soies exportés temporairement pour être teints.

---

1. D'après des renseignements particuliers dûs à l'obligeance de M. le Commandeur Luccioli, toutes les admissions temporaires feraient partie du commerce général; en principe celles à l'équivalent rentreraient dans le commerce spécial.

Le transit direct, sans entrée dans les entrepôts italiens, ne fait pas partie du commerce général. Il n'est repris à part que d'après les quantités. Ne sont pas dépouillés le commerce de réparation, celui d'échantillons et le trafic frontière.

Comme pays de prise en charge à l'importation, la statistique considère le pays d'où la marchandise est originaire ou, s'il n'est pas connu de l'importateur, celui d'où la marchandise est expédiée en Italie. A l'exportation, le pays de destination est celui où les marchandises vont être consommées ou à défaut de renseignements le pays de dernière destination connue. Les soies grèges de l'Asie et de la Turquie d'Asie qui sont transbordées ordinairement à Marseille sont portées aux comptes des pays d'origine.

Tous les mois parait un bulletin statistique du commerce spécial, qui contient en outre plusieurs tableaux concernant la quantité et la valeur des principales marchandises et un appendice présentant le résumé du trafic avec six pays (Autriche, France, Allemagne, Grande-Bretagne, Suisse, États-Unis). Le tableau annuel, qui comprend une série de volumes, est illustré de graphiques. Un résumé analytique et des observations préliminaires sont placés en tête de la publication.

Norvège

La statistique norwégienne groupe les marchandises à l'importation et à l'exportation en 25 chapitres subdivisés eux-mêmes en diverses rubriques. L'évaluation a lieu à l'aide des renseignements fournis par des experts et commerçants mais un projet prévoit l'adoption de la méthode de la déclaration de valeur à partir de 1912 (1). On prend comme base la valeur à la frontière sans les droits de douane. En ce qui concerne le classement des opérations on distingue le commerce général et le commerce spécial. Le premier ne comprend pas le transit direct, qui n'est pas relevé (2), mais renferme le trafic des entrepôts. Les admissions temporaires ne sont pas prévues par la législation (3); les bois importés pour recevoir un complément de main-d'œuvre et réexportés ensuite font partie avec la consommation directe du commerce spécial. Pour enregistrer les importations et les exportations on se contente du pays d'où l'on

---

1. Le système norvégien actuel est celui des valeurs officielles revisées annuellement, mais il sera probablement remplacé à l'instigation de M. Kiær, par la déclaration de la valeur.

2. Le minerai de fer suédois expédié en transit direct à travers la Norvège ne figure pas dans les relevés statistiques.

3. Renseignement dû à l'obligeance de M. Kiær, le distingué directeur de la statistique norvégienne.

importe et de celui où l'on exporte, aucun effort n'étant fait pour obtenir le pays d'origine ou de dernière destination (1).

PAYS-BAS

Nous ne trouvons dans la statistique hollandaise aucune division par chapitres des marchandises signalées. L'ordre alphabétique seul est employé. Cependant, M. Julin (2) indique 4 groupements récapitulatifs : produits alimentaires et animaux vivants. Matières premières. Articles manufacturés. Articles divers non classés. L'unité est le kilo, mais on ne s'attache qu'au poids brut, sauf pour les marchandises taxées au poids rentrant dans le commerce spécial à l'importation et les produits faisant l'objet d'un drawback à l'exportation. Dans les deux cas on prend le poids net obtenu par la déduction d'une tare légale. Le mode de valoration des articles est des plus défectueux : pour les articles taxés *ad valorem* on prend la valeur déclarée (sauf en cas de préemption) ; pour les autres exempts de droits ou soumis à des droits spécifiques on calcule la valeur à l'aide de taux officiels permanents établis en 1862 et revisés partiellement en 1872. A l'exportation, les

1. Information fournie à M. Bateman, par le bureau de statistique de Norvège.
2. *Op. cit.*, p. 139.

produits chimiques et les drogueries non spécialement dénommées, l'or et l'argent, les tableaux, doivent être évalués et déclarés par les exportateurs.

On peut dire, en présence du mouvement des prix depuis l'époque où ce tarif des valeurs (les taux officiels de l'importation, a été fixée, que la statistique hollandaise ne nous renseigne en aucune façon sur la valeur des transactions commerciales de ce pays avec les autres nations. C'est tomber dans une erreur grossière que de comparer les valeurs du commerce néerlandais avec celles adoptées par les nations qui soumettent leurs valeurs officielles à une révision périodique ou qui ont adopté le système de la déclaration des valeurs (1).

On distingue l'importation générale (*algemeene invœr*) et celle pour la consommation à l'intérieur (*invœr tot verbruik*), les exportations générales (*algemeene uitvœr*) et celles d'articles provenant de la libre consommation intérieure (*uitvœr uit het vrye verkeer*) (2). L'importation et l'exportation générale, qui correspondent au commerce général français, ne sont indiqués que par la quantité. Le commerce spécial de la Hollande correspond à peu près au *Gesamteigenhandel* d'Allemagne. Il embrasse, outre la consommation, l'admission temporaire, le commerce d'entrepôt et les marchandises exemptes

1. Julin, *op. cit.*, p. 178.
2. Beaujon. *Statistique officielle des Pays-Bas*, 1886.

du transit (Cf. le transit déguisé). L'admission temporaire n'est pas mentionnée à part et les tables du commerce spécial distinguent seulement les entrées directes pour la consommation et les sorties d'entrepôt pour la consommation.

Quant aux pays de provenance et de destination, on se borne, en ce qui les concerne, à constater la provenance ou la destination immédiate de la marchandise, c'est-à-dire le pays d'où vient ou vers lequel se dirige le véhicule qui sert à la transporter (train, navire, etc.). Cette règle n'est appliquée strictement que pour le trafic par terre, rivière et canal. Dans ce cas, c'est toujours le pays limitrophe qui importe ou exporte. Pour les transports par mer, on se base sur les indications de la déclaration, ce qui fait que ce n'est pas toujours le pays limitrophe qui est pris en compte.

Le ministère des Finances publie : la *Statistique du commerce et de la navigation du royaume des Pays-Bas* (*Statistick van den handel en de scheepvaart van het Koningryk der Nederlander*). Depuis 1877 on a apporté quelques modifications dans le titre. La *Statistique des importations, des exportations et du transit* (*Statistick van den in uit en doorvœr*) qui paraît annuellement forme deux volumes (1).

1. Beaujon, *op. cit.*

Portugal

La nomenclature des marchandises ne comprend que six classes : Animaux vivants. Matières premières pour les arts et l'industrie. Fils, tissus, feutres et leurs ouvrages respectifs. Substances alimentaires. Appareils, instruments, machines et outils employés dans les sciences, les arts, l'industrie et l'agriculture. Armes, embarcations, véhicules. Produits manufacturés divers.

Le numéraire fait l'objet d'une rubrique spéciale à l'importation et à l'exportation. La valeur des marchandises est déclarée à l'entrée et à la sortie. Elle comprend l'assurance et le coût du transport à la frontière. En ce qui concerne le classement des opérations, nous trouvons dans le rapport de M. Bateman (Londres, 1905) les quelques détails suivants : les admissions temporaires apparaissent limitées aux échantillons de voyageurs, voitures de touristes, fûts vides pour l'exportation des vins, etc., et ne sont pas dépouillées ; le transit, relevé en quantité et valeur, fait partie du commerce général (1). D'après le même rapport, on s'attacherait au pays d'origine et à celui de dernière destination.

1. Même renseignement au *Statistical abstract of foreign countries*, p. 29.

Roumanie

Les éléments de la statistique roumaine sont fournis par le dépouillement des déclarations qui servent à former des bulletins statistiques d'extraction et de classement des marchandises. On compte à l'importation et à l'exportation 35 catégories réparties en 4 grandes sections : 1° animaux et produits animaux (8 catégories) ; 2° produits du sol (12 catégories) (1) ; 3° produits du sous-sol (5 catégories) ; 4° produits combinés avec ceux des sections I, II et III (10 catégories). Les quantités sont fixées d'après les unités du tarif ; les machines agricoles et industrielles complètes sont indiquées en nombre. Les valeurs sont officielles avec revision périodique basée sur les prix en Roumanie. On distingue d'ailleurs suivant les pays d'origine et la qualité ; en outre pour certaines marchandises qui ne sont pas des articles courants : armes, instruments chirurgicaux, appareils optiques, on exige à l'importation la déclaration de la valeur avec facture à l'appui. A l'exportation il existe un droit de 1/2 o/o.

Le tableau annuel donne séparément : 1° le commerce spécial ; 2° le transit ; 3° les entrepôts. Ainsi

---

1. Les confections, le papier et le celluloïd rentrent dans cette section.

que le font remarquer les observations préliminaires imprimées en tête de ce tableau pour répondre aux vœux de l'Institut international de statistique, on obtiendra le commerce général en additionnant toutes ces données. L'admission temporaire n'existe que pour les bois et le riz brut (1). Les quantités de marchandises bénéficiant de ce régime ne sont pas comprises dans les chiffres d'importation.

D'après une circulaire du 20 mai 1905, les déclarations doivent indiquer le pays de provenance

celui d'où la marchandise a été expédiée à destination de la Roumanie, soit par mer ou rivière, soit par terre et chemins de fer, sans qu'elle ait fait l'objet d'une transaction commerciale sur un marché étranger.

La facture et les pièces qui accompagnent le transport peuvent être exigées. M. Bateman, dans son rapport de 1905, signale l'imperfection des informations de la statistique roumaine quand elle s'attache au pays d'origine et à celui de dernière destination. Cependant, les recommandations adressées au service des douanes sont très précises et minutieuses. Il est prescrit notamment de veiller à l'exactitude des déclarations renfermant des marchandises de plusieurs provenances, etc. Il y a, il est vrai, une cause d'erreur particulière à la Roumanie : le Danube sert à la fois

1. *Commerce extérieur de la Roumanie*, 1908.

au cabotage des marchandises roumaines et au transport des marchandises roumaines ou étrangères (autrichiennes, serbes, bulgares) à l'étranger. De là, la nécessité d'instructions spéciales.

Le tableau annuel du commerce extérieur, remarquable par ses nombreux diagrammes (11 en 1908), se signale par les observations préliminaires que nous avons déjà citées. Il sépare les marchandises d'après les modes de transport (terre, mer, rivière). Enfin, il a pour un Français ce précieux avantage de présenter la traduction en regard du texte roumain.

Russie

La Russie présente une dualité de publications statistiques : on a d'un côté la Finlande, de l'autre la Russie proprement dite. Nous envisagerons donc successivement la statistique du commerce extérieur finlandais.

La base de la statistique russe est constituée d'après les divers règlements élaborés par les ministres. La déclaration en douane peut être verbale ou écrite. La première est admise pour les marchandises exemptes importées par les routes et canaux, et pour les bagages des passagers et des voyageurs (1). La

1. Ces renseignements et une partie de ceux qui vont suivre sont empruntés à une publication allemande : *Das Russische Zollreglement*, par l'association russo-allemande à Berlin. Decker, éditeur, 1909.

seconde, qui est déposée en double, datée et signée et dont l'un des exemplaires sert de bulletin statistique spécial, doit contenir (art. 359 du règlement) le mode de transport, le nom du destinataire, le nombre de colis, la dénomination tarifaire en toutes lettres, la quantité des marchandises, le prix pour chacun des articles de la déclaration en monnaie russe, d'après le poids, la mesure, l'origine ou une somme globale, le pays d'origine avec le domicile du déclarant qui doit indiquer expressément s'il entend être présent à la visite. A l'importation, on trouve dix groupes : Articles d'alimentation et animaux vivants. Matières animales brutes et produits dérivés. Bois, ouvrages en bois, vannerie. Matières premières pour la céramique et ouvrages céramiques. Combustibles (minéraux et végétaux), asphaltes, résines et leurs produits. Matières et produits chimiques. Minerais, métaux et ouvrages en métaux de toute espèce. Papier et produits de l'imprimerie. Textiles et ouvrages en textiles. Vêtements, boutons, etc. A l'exportation, quatre rubriques seulement : Objets d'alimentation. Matières brutes ou demi-ouvrées. Animaux vivants. Produits de fabriques, d'usines ou d'industrie. Les marchandises à l'entrée sont pesées et vérifiées effectivement. A la sortie, il en est de même pour les marchandises taxées. Pour les autres on accepte les déclarations des expéditeurs. Le poids brut est relevé (unités russes), sauf pour les articles admis à la tare officielle.

La valeur est établie soit d'après les déclarations et les pièces à l'appui, soit en procédant par voie d'expertise quand les déclarations font défaut ou sont présumées inexactes. Les agents des douanes ont d'ailleurs, outre les mercuriales de la région frontière, des prix courants envoyés par le département de la statistique. Ces valeurs sont déterminées au point de départ, abstraction faite du transport, des assurances, etc. (1). Il semble que la statistique russe attache une certaine attention à l'évaluation des marchandises. D'après *l'Économiste français du 7* avril 1906, il a été procédé en 1905, par l'administration russe, à une confrontation des valeurs indiquées par ses statistiques à la sortie et de celles portées à l'entrée par les autres pays. Les dernières étaient de 56 à 58 o/o supérieures aux premières.

Les colis postaux ne font l'objet d'aucune statistique spéciale. Les métaux précieux sont présentés à part. Les opérations sont groupées sous la seule rubrique « commerce général », qui comprend l'ensemble des entrées et sorties sauf le transit et les entrepôts relevés à part. Les admissions temporaires ne sont pas autorisées. Les exportations temporaires (travaux à effectuer à l'étranger) sont prévues. Il existe, d'ailleurs, pour compenser l'importation

---

1. *Rapport Picard à la session de la commission des valeurs de 1893.*

temporaire, des bons délivrés aux exportateurs de coton et de laine (1). Ces bons sont reçus en paiement des droits de douane et doivent être considérés comme une prime à l'exportation, puisqu'ils sont alloués pour les cotons indigènes et étrangers. Pour les cotons indigènes on a égard aux taxes perçues à l'importation des machines qui mettent en œuvre ces textiles.

A l'entrée, la douane enregistre le port d'où est daté le connaissement, le pays d'où émane la lettre de voiture ; à la sortie, elle indique le pays de dernière destination.

Le titre de la publication statistique annuelle (2) russe « Aperçu du commerce extérieur de la Russie par les frontières d'Europe et d'Asie » montre bien que le trafic de l'Asie russe est compris dans celui de la Russie (3). La loi du 16 janvier 1909 prévoit dans la province de l'Amour des ports francs et édicte des exemptions douanières. Il n'y a d'ailleurs pas assez longtemps que le transsibérien fonctionne régulièrement pour qu'il existe un courant commercial bien

1. *British and foreing Trade*, 1904.

2. L'exposition de Nidjni Novgorod en 1896 a présenté dans des tableaux les chiffres du commerce extérieur russe depuis 1802 (avec interruption de 1808 à 1811). Mais ce n'est qu'à partir de 1841 que l'on peut donner séparément le commerce de chaque puissance.

3. Le trafic de la Russie avec la Finlande y rentre également

marqué dans ces régions. Le tableau mensuel du commerce russe donne, sous le n° 3, la quantité et la valeur des principales marchandises russes exportées de Vladivostok et des autres localités de la Sibérie orientale.

Seule la Finlande a fait jusqu'ici (1) l'objet dune statistique spéciale. L'annuaire statistique publié à Helsingfors donne dans sa section IX un tableau du commerce extérieur. Les importations et exportations sont divisées en 34 classes. Les valeurs sont les prix moyens des marchandises au moment de leur passage à la frontière douanière. Le mouvement des entrepôts fait l'objet d'un tableau spécial ; la réexportation figure globalement en valeur seulement. En ce qui concerne les pays de prise en charge, on suit les mêmes règles qu'en Russie. L'annuaire finlandais donne la traduction française de ses indications les plus essentielles.

Serbie

La statistique du commerce extérieur serbe date de 1842, mais les résultats n'en sont publiés que depuis 1862 dans l'*Annuaire officiel de la Serbie*. En

1. Nous disons « a fait jusqu'ici » parce qu'il est possible que la loi votée en 1910 par la Douma qui a incorporé plus étroitement la Finlande au reste de la Russie amène des changements sur ce point.

1879, la direction des douanes au ministère des Finances a pris en main la publication de cette statistique et le système qui était en vigueur a duré jusqu'à la réorganisation de 1905 (1).

La déclaration présentée au bureau de douane en vue de la taxation est accompagnée d'une déclaration statistique spéciale. Celle-ci est identique à la première au point de vue du contenu : quantité (poids, volume, nombre), espèce de marchandises, valeur, origine (provenance), lieu de destination, droits de douane perçus, mode de transport (par terre ou par eau). Les autres renseignements nécessaires sont puisés dans les quittances et acquits de douane et insérés par les bureaux de douane sur ladite déclaration statistique. Tous les mois on envoie ces déclarations statistiques à la direction des douanes qui les coordonne en vue des publications ultérieures.

Les marchandises sont classées en 18 catégories basées sur celles du tarif des douanes (2). Selon les indications de ce dernier on inscrit le poids brut ou le poids net. La valeur des marchandises est celle que les déclarants désignent dans la déclaration en y

---

1. *Statistique du commerce extérieur du royaume de Serbie*, 1908.

2. La dix-huitième catégorie est assez curieuse : autres marchandises qui n'ont pu être classées par suite de déclarations défectueuses.

ajoutant tous les frais effectués jusqu'aux bureaux de douane frontière où les marchandises sont déclarées pour la vérification et le dédouanement.

En principe la valeur des marchandises est déterminée par les prix du marché du lieu où les marchandises sont achetées ; on y ajoute les frais de transport jusqu'au bureau frontière (d'importation ou d'exportation) ainsi que les frais effectués pour les emballages, commission, assurance, etc.

L'avant-propos de la statistique annuelle ajoute :

Il est impossible à ce point de vue de dire que les données statistiques soient exactes, car la variation des prix de certains articles est tellement grande que les valeurs de certaines espèces de marchandises désignées dans les publications ne répondent pas souvent à la réalité. C'est pourquoi on a indiqué dans certains États les commissions spéciales qui fixent la valeur des marchandises pour la statistique. Nous ne possédons pas encore une telle commission qui fixerait les valeurs des marchandises et les valeurs sont indiquées dans cette publication telles qu'elles sont déclarées.

Le commerce général comprend *à l'importation* tous les produits importés dans le pays, qu'ils soient destinés à la consommation intérieure ou à l'exportation en transit, *à l'exportation*, les marchandises exportées, du pays, qui y sont produites ou importées, plus le transit sortie. Toutefois, deux remarques s'imposent : 1° le transit est reconnu reposer sur des données insuffisantes ; 2° le commerce d'entrepôt n'est pas relevé, car il est insignifiant. D'ailleurs les marchandises en faisant l'objet sont ou livrées à la consommation intérieure ou réexportées et dans les deux cas reprises sous les rubriques correspondantes de l'importation ou de l'exportation. Le commerce spécial décrit les marchandises restant dans le pays pour la consommation (importation) et celles en sortant, qu'elles soient serbes ou nationalisées (exportation). La statistique serbe ne relève pas : 1° à l'importation les marchandises « importées provisoirement dans le pays pour n'importe quelle cause » (cf. les admissions temporaines), les produits serbes exportés pour subir une main-d'œuvre à l'étranger et réimportés ensuite, la monnaie légale ; 2° à l'exportation, les réexportations de produits provisoirement importés dans le pays, les produits provisoirement exportés en vue de subir une main-d'œuvre ou dans n'importe quel but, la monnaie légale.

En théorie, l'on doit reprendre le pays d'où l'on tire la marchandise (pays d'origine) et le pays de consommation réelle (pays de destination dernière), mais, en pratique, on indique la provenance des marchandises (le pays où elles sont achetées) et leur destination première (le pays où elles sont livrées). L'administration serbe a dû adopter cette manière d'opérer en présence de la difficulté d'avoir des données exactes.

Le tableau annuel, en français et en serbe, contient trois diagrammes (commerce général et spécial, importation, exportation et transit avec les principaux pays, recettes douanières).

Suède

Les marchandises sont réparties en 26 groupes. Dans les états de développement, la publication annuelle présente les marchandises et les pays dans l'ordre alphabétique. Les éléments de cette publication sont préparés à la division de statistique commerciale et industrielle du collège royal du commerce (Cf. *le Board of trade* en Angleterre) à Stockholm. L'administration des douanes fournit des résumés en forme de tableaux primaires qui sont ultérieurement développés et coordonnés. La valeur des marchandises, lorsqu'elles ne sont pas taxées *ad valorem*, est calculée en se basant sur les informations données par des experts et des importateurs et exportateurs consultés séparément par la division de statistique. A l'importation on table sur le prix c. i. f. (*coast, insurance, freight*) c'est-à-dire outre le coût, les frais de chargement et d'assurance et le fret. A l'exportation c'est le prix de vente f. o. b. (*free on board*), c'est-à-dire majoré des frais de transport à la frontière suédoise et des frais d'embarquement. Le rapport annuel ne s'occupe que du commerce spécial (consommation et admissions temporaires). Le transit n'est pas relevé. Un tableau particulier indique les principaux articles du commerce d'entrepôt, un autre les marchandises réexportées sans qu'on puisse distinguer celles qui ont été perfectionnées dans le royaume. Il n'y a pas encore de ports francs. Les pays de prise en charge sont à l'importation le pays d'achat de la marchandise, à l'exportation celui de vente (1).

---

1. Nous devons la plupart de ces renseignements à l'obligeance de M. le Dr Göran Björkman de l'Institut Nobel de l'Académie suédoise, que nous sommes très heureux de remercier ici. A la séance du 23 septembre 1910 de la Conférence internationale de statistique douanière de Bruxelles, le même statisticien a fait une communication très intéressante sur le nouveau groupement de marchandises publié par la statistique suédoise et a fourni en même temps des détails sur l'orientation du nouveau tarif des douanes de la Suède (ce dernier entrera en vigueur le 1er décembre 1911). Nous résumons ci-après la communication. A l'importation on distingue les marchandises *pour la consommation* (Produits alimentaires. Articles de confection. Ustensiles de ménage) et celles *pour la production* (Matières brutes. Moyens de transport et machines). A l'exportation on trouve les produits de l'agriculture, de la sylviculture, des textiles, l'industrie du papier, les minéraux et leurs produits autres que les métaux, les métaux et leurs produits, les produits des autres industries. Le nouveau tarif s'attache à la nature des marchandises et range dans la même classe les matières brutes et ouvrées: cuirs et peaux, ouvrages en peau, pelleteries. Les produits d'une même industrie, les machines par exemple, ont été réunis dans un même groupe, sans égard à la différence des matières premières. Les produits hétérogènes fabriqués tantôt avec telle

Suisse

Les marchandises sont groupées en 15 grandes catégories réparties comme suit :

1. Articles d'alimentation et de consommation — 2. Animaux et matières animales, engrais et déchets de provenance animale — 3. Cuirs et peaux, bruts et fabriqués. Ouvrages en cuir, chaussures — 4. Semences, plantes ; végétaux servant à l'alimentation du bétail et déchets végétaux — 5. Bois — 6. Papier et produits des arts graphiques. — 7. Matières textiles et à tresser, confections — 8. Matières minérales — 9. Argiles et grès, poteries — 10. Verres — 11. Métaux — 12. Machines, engins mécaniques et véhicules — 13. Horloges et montres, instruments et appareils — 14. Drogueries, substances et produits chimiques, couleurs et produits similaires — 15. Articles non dénommés ailleurs.

Les 1164 numéros de marchandises sont groupés dans les résumés généraux en 3 grandes catégories (1).

1. Substances alimentaires — 2. Matières premières — 3. Produits fabriqués.

---

matière première, tantôt avec une autre, sans être assujettis de ce chef à des droits différentiels, sont rassemblés dans une dernière classe. Le nouveau tarif comprendra ainsi 16 groupes et 25 subdivisions.

1. Les métaux précieux monnayés forment une rubrique à part.

et dans les tableaux résumés en 4 genres d'industries.

1. Industrie textile (soie, coton, laine, lin, caoutchouc, paille, autres) — 2. Industrie métallurgique (houille, fer, autres métaux non précieux, métaux précieux, horloges et montres) — 3. Autres industries (matériaux de construction, bois, poterie et verrerie, espèces chimiques, tabac, cuir, papier, articles divers, produits agricoles) — 4. Substances alimentaires (produits du sol, denrées animales, comestibles, etc.).

D'après la loi fédérale du 10 octobre 1902, art. 4 : L'indication de la quantité doit comprendre pour la statistique, outre le poids brut qui fait règle pour la perception des droits ou de la finance de statistique, le poids net des marchandises en kilos.

C'est d'ailleurs ce poids net qui est indiqué dans le tableau annuel du commerce.

Les valeurs d'importation sont arbitrées par des experts (industriels et importateurs) nommés par le département fédéral des douanes (sauf pour le bétail, les machines et mécaniques et la catégorie 13 : horloges et montres, instruments et appareils) (1). Pour le transit on adopte les valeurs d'importation ; pour l'exportation on se base sur la déclaration

1. Ces articles, comme le fait remarquer M. Legrand dans son rapport au Congrès de Prague, sont de prix élevés et très variables.

faite lors de la sortie par les exportateurs (1). La commission d'évaluation comprend 14 groupes (correspondant aux chapitres du tarif soumis à la commission). D'après le rapport publié pour l'année 1908 il y a tendance à augmenter la liste des marchandises sujettes à la valeur. Peut-être n'y faut-il voir qu'un mouvement dérivant de celui que nous avons signalé plus haut en Allemagne. La valeur des marchandises importées comprend les frais de transport jusqu'à la frontière suisse ainsi que l'assurance, mais exclut les droits d'entrée. Elle est en général indiquée par 100 kilos net. A l'exportation, la valeur est calculée par l'expéditeur qui ajoute au prix courant du lieu d'expédition les frais de transport jusqu'à la frontière suisse.

Les colis postaux ne font pas l'objet d'une statistique spéciale, mais le tableau annuel donne séparément les marchandises passibles de droits lorsque le montant est inférieur à 0 fr. 10 (2) (art. 3 lettre *g* loi fédérale, 28 juin 1893). On se contente pour ces marchandises de 36 rubriques très générales. Le *trafic frontière* n'entre pas dans le mouvement com-

---

1. Ces déclarations sont attentivement contrôlées. Julin, *op. cit.*, p. 180.

2. Parmi ces marchandises payant moins de 0 fr. 10 il en est de reprises à la sortie, le tarif suisse prévoyant pour 4 articles des droits à l'exportation.

mercial quand il est « rural » (1). Le *trafic spécial* — avec l'Autriche, les pays de Gex et de la Haute-Savoie (2) — entre dans le commerce spécial de même que le *trafic général* (importations et exportations de marchandises exemptes de droits dans le trafic frontière et ne rentrant pas dans le trafic rural). Les marchandises *en retour*, qu'il s'agisse de produits suisses revenant de l'étranger ou de produits étrangers réexportés, font l'objet d'un tableau spécial.

Les opérations relevées par la statistique suisse se trouvent réunies sous trois titres : 1° *commerce spécial* ; 2° *commerce effectif* ; 3° *commerce général* (ordonnance du 17 nov. 1905). Le commerce spécial comprend : à l'importation les marchandises destinées à la consommation suisse (importation directe et sortie des entrepôts pour la consommation) à l'exportation toutes les marchandises *nationales* sortant de Suisse. Le commerce effectif se rapporte :

aux marchandises tirées de l'étranger ou qui y ont été expédiées par le commerce suisse sans distinction de l'origine première en ce qui concerne l'exportation ; il représente en d'autres termes la totalité réelle du commerce de la

---

1. Le trafic « rural » charrois et conduites sur les chemins de terre est traité absolument à part et ne figure dans aucun tableau.

2. Ce trafic est analogue à celui que nous appelons en France trafic des zones frontières.

Suisse avec l'étranger et résulte de la combinaison du commerce spécial avec le trafic des entrepôts (1).

Pour obtenir ces chiffres il faut donc ajouter au commerce spécial les marchandises entrées en entrepôt et celles de provenance étrangère qui bien qu'entrées dans la circulation libre du pays après paiement des droits d'entrée ou en franchise si le tarif les exempte, sont cependant réexpédiées à l'étranger (commerce intermédiaire à droits acquittés). Le commerce effectif répond entièrement aux critiques élevées contre la composition du commerce spécial lorsqu'il y a transit déguisé. Si on totalise le commerce effectif et le transit on obtient le commerce général.

En marge de ces trois catégories, se trouve le *trafic de perfectionnement* (Cf. l'admission et l'exportation temporaire). Le règlement du 8 mars 1907 distingue le trafic de perfectionnement actif et passif. Le premier se subdivise selon qu'il concerne un seul pays étranger (par exemple marchandise envoyée de France en Suisse pour être complétée, mais qui ne peut être renvoyée qu'en France) ou bien qu'il envi-

---

1. *Statistique du Commerce de la Suisse avec l'étranger* Avant-propos, p. v, vi et suiv.

Sur les entrepôts suisses voir le Congrès de réglementation douanière de 1900-1908. Vol. *Rapports*, p. 260. Une de leurs principales particularités consiste dans ce fait que les marchandises non sujettes à détérioration peuvent y séjourner indéfiniment.

sage un pays étranger comme pays d'origine et plusieurs autres pays où la réexportation peut avoir lieu (on appelle ce dernier trafic de perfectionnement en transit). D'après sa nature, c'est au commerce effectif qu'il faudrait rattacher le trafic de perfectionnement, mais :

cela n'a pas eu lieu jusqu'ici parce qu'il ne serait pas exact de faire entrer en ligne de compte la valeur totale des produits perfectionnés ; d'autre part, parce que l'on n'a aucune donnée permettant de déterminer le gain obtenu par le perfectionnement ou les frais de main-d'œuvre.

Les déclarations doivent mentionner le pays où la marchandise « a été produite ou celui à la consommation duquel elle est destinée » (loi fédérale du 10 octobre 1902, art. 5). Pour le transit il suffit d'indiquer les pays de provenance et de destination.

Lorsque le pays de production ou le pays de consommation ne peut être déterminé avec une certitude suffisante, ou indique le pays connu le plus éloigné que la marchandise a dû ou doit traverser, soit la place européenne de commerce intermédiaire, le lieu d'embarquement ou de débarquement avec la mention « transit » (par exemple Paris transit, Havre transit, Hambourg transit, etc.).

Si des marchandises destinées à la Suisse ont été, avant leur importation, perfectionnées dans un autre pays que celui où elles ont été fabriquées, c'est le pays où a eu lieu le perfectionnement qui est considéré comme pays de production (1).

Les publications statistiques relatives au commerce extérieur suisse sont les suivantes :

1° Les tableaux mensuels n'indiquant que les quantités ;

2° Le tableau trimestriel des importations et exportations des principales marchandises par quantités et valeurs.

3° La *Statistique du commerce suisse avec l'étranger* publiée annuellement par le département fédéral des Douanes (en français et en allemand). Les marchandises sont indiquées en quantités et valeurs par puissances (40 comptes : le quarantième se rapporte aux pays indéterminés). La même page présente en regard pour chaque produit le commerce spécial (importation et exportation), le transit direct et enfin le commerce général. En tirage à part de beaux diagrammes. Indépendamment de cette publication qui constitue le tableau annuel défინif, l'administration helvétique fait paraître vers le mois de février un tableau annuel provisoire du commerce de l'année écoulée. Les valeurs dont il est fait état dans ce dernier tableau sont celles de l'année antérieure, à moins qu'il ne s'agisse de valeurs déclarées ;

4° Le rapport annuel sur la statistique du commerce

1. *Statistique du commerce de la Suisse, op. cit.*

suisse. Ce document, très intéressant, offre beaucoup d'analogie avec le rapport que publie en France le président de la commission permanente des valeurs en douane. Voici le sommaire du volume consacré à l'année 1908 : Importations et exportations en 1908 (aperçu général, numéraire). Revenu des diverses industries. Commerce avec les divers pays. Transit et autres genres de trafic. Produit des droits. Commission d'évaluation. Valeurs spéciales à l'exportation.

Nous avons terminé la revue des statistiques européennes. On s'étonnera peut-être de ne pas y trouver la Turquie. Malgré la réorganisation des douanes ottomanes (voir *Livre jaune*, 1907), malgré le nouveau régime instauré par le comité « Union et Progrès », nous ne possédons pas encore de statistique régulière du commerce extérieur turc. Les chiffres que l'on trouve dans les *Annales du commerce extérieur* de 1910 (fasc. 3) sont empruntés au *Bulletin de la Chambre de commerce française de Constantinople*. Ils remontent d'ailleurs à 1906. De 1901 à 1906 il n'y a aucune donnée (1).

1. On trouve cependant des données statistiques sur le commerce extérieur de la Turquie dans le *Statesman Year book* (voir 1910, p. 1276). Mais quelle que soit l'autorité de cet excellent recueil on ne saurait avoir qu'une confiance très limitée dans les chiffres qu'il indique à propos du commerce de la Turquie.

Dans l'examen des statistiques extra-européennes nous avons dû limiter notre étude les renseignements nous faisant trop souvent défaut. D'autres fois nous avons été obligé de nous contenter de données incomplètes. Quoi qu'il en soit, nous nous sommes efforcé de caractériser la statistique du commerce extérieur des principaux de ces pays : Australie, Brésil, Canada, Cap de Bonne-Espérance, Chine, Égypte, Etats-Unis, Indes Anglaises, Japon, Mexique, Pérou, République Argentine. Nous allons les reprendre successivement.

Australie

Sous le nom d'Australie nous comprendrons tous les pays qui font partie du Commonwealth (1). Nous avons puisé les renseignements qui vont suivre dans deux publications : l'*Official Year Book of the Commonwealth* (n° 2 édité en 1909) et le *Trade and customs and excise revenue of the Commonwealth* (relatif à l'année 1908).

La nomenclature des marchandises les répartit en 24 chapitres : matières alimentaires d'origine animale (à l'exclusion des animaux vivants), matières végétales et sel brut, boissons non alcooliques et substances employées à leur fabrication, esprits et

1. Depuis le 1er janvier 1901 le Commonwealth comprend les États suivants : Nouvelles-Galles du Sud, Victoria, Australie méridionale, Australie occidentale, Tasmanie et Queensland.

alcools (comprenant ceux pour usages industriels et les préparations pharmaceutiques), tabacs, animaux vivants, substances animales demi-ouvrées ne rentrant pas dans les objets d'alimentation, substances végétales et fibres non manufacturées, vêtements textiles et fibres manufacturés, huiles, graisses et cires, couleurs et vernis, pierres et minéraux servant à l'industrie, espèces or, argent et bronze, métaux non manufacturés et minerais, métaux demi-ouvrés, machines et ouvrages en métaux, gommes élastiques et gommes manufacturées, cuir et ouvrages en cuir, bois et osier brut et manufacturé, poteries, ciments, porcelaine, verres et grès, papier et papeterie, joaillerie, montres et articles de fantaisie, instruments d'optique et de chirurgie et instruments scientifiques, produits pharmaceutiques, industries chimiques, engrais chimiques, divers.

La valeur des marchandises est déclarée et soumise au contrôle de la douane. Elle doit représenter à l'entrée le montant de la somme sur laquelle le droit est payé ou serait payé si les droits étaient *ad valorem*, c'est-à-dire la valeur dans les pays principaux d'où les marchandises sont exportées avec addition de 10 o/o. A l'exportation on prend les prix des principaux marchés du *Commonwealth* auxquels on ajoute le fret et l'assurance (1).

---

1. *Économiste français*, octobre 1907.

Les colis postaux ne font pas l'objet d'une statistique spéciale; les métaux précieux sont relevés à part.

Les chiffres du commerce général sont seuls donnés. Le système de classement des opérations commerciales est celui que nous avons vu en Angleterre (1) : importations (admissions temporaires, entrepôts, transit, consommation), exportations : *a*) d'origine australienne; *b*) d'origine étrangère. Les articles entièrement ou partiellement manufacturés en Australie sont inscrits comme produits australiens. Le transit après transbordement est, depuis 1903, compris dans les importations. Les approvisionnements de bord embarqués dans les ports australiens à destination de l'étranger sont exclus du chiffre des exportations (2). Le résultat des échanges des États australiens entre eux (*Inter State trade*) n'entre pas dans le commerce extérieur.

Les statistiques australiennes distinguent le pays d'origine et de provenance à l'importation. A l'exportation elles indiquent le pays pour lequel les marchandises sont actuellement embarquées, qui n'est pas nécessairement le pays de dernière destination.

Les publications statistiques australiennes sont

1. Comme en Angleterre également il existe des *drawbacks* pour un certain nombre d'articles, sans doute pour tenir lieu de l'admission temporaire.

2. *Annales du commerce extérieur*, 1909, fasc. 3.

dirigées par M. Knibbs, qui a su donner à l'*Official Year book* le caractère d'un véritable recueil encyclopédique consacré au *Commonwealth*. Pour nous limiter à la section statistique du commerce extérieur, nous trouvons dans cet annuaire, avec une analyse détaillée des échanges, des rapprochements et des remarques particulièrement instructifs. Un graphique montre le commerce (importation et exportation) par tête d'habitant. Une étude sur l'influence de la quantité et des prix sur l'augmentation et la diminution des exportations est très suggestive. On fait ressortir par rapport à une année prise comme base (l'année 1901 pour le *Year book* consacré à 1908) : 1° l'effet des variations de prix (1) ; 2° les variations des exportations de numéraire et de métaux précieux (quantités) ; 3° les augmentations ou diminutions des quantités exportées (métaux précieux exclus); 4° la variation totale (en plus ou en moins) résultant de la combinaison de ces divers éléments. Dans le *Trade and customs and excise revenue* on trouve, avec le développement par articles dans l'ordre alphabétique, des tableaux pour le commerce avec l'Angleterre, les échanges entre États australiens (*inter State trade*), le mouvement des entrepôts, le tableau des transbordements, les *draw-*

1. On calcule la valeur du commerce des années postérieures à 1901 en prenant les prix de cette année-là. Nous reviendrons, du reste, sur ce tableau.

backs payés. Mensuellement paraît un bulletin relatif au commerce, à l'émigration et aux finances. Quatre tableaux sont consacrés respectivement aux importations et exportations (tableau I), aux exportations avec la part de chaque État (tableau II), aux revenus des douanes par chapitres principaux (tableau III), à l'*inter State trade* (tableau IV).

Brésil

A l'importation les marchandises rentrent dans quatre classes subdivisées elles-mêmes en sous-groupes : Animaux vivants. Matières premières et produits pour les arts et l'industrie. Articles manufacturés. Articles destinés à l'alimentation et fourrages. A l'exportation on ne trouve que trois classes : Animaux et produits animaux. Minéraux et produits minéraux. Végétaux et produits végétaux. Dans ces trois classes les produits sont répartis par ordre alphabétique. Le numéraire et les billets de banque étrangers sont classés spécialement (1).

La valeur, basée sur les factures consulaires, représente à l'importation le coût de la marchandise augmenté du fret, à l'exportation la valeur livrée à bord, c'est-à-dire le prix courant sur le marché majoré des droits d'exportation et des frais que

1. Conférence internationale de statistique de Bruxelles 1910). Brochure préparatoire.

nécessite l'embarquement de la marchandise. Une des particularités du tarif brésilien est d'admettre en franchise les entrées pour le compte du gouvernement des États confédérés et des municipalités ou des compagnies chargées de travaux d'utilité publique.

Le tableau annuel ne donne que le commerce général (1) par pays d'origine (porté à la facture consulaire) et de destination première. On ne s'attarde pas à rechercher le pays de consommation. Le Brésil étant un État fédéral des diagrammes indiquent le trafic par États, d'autres se rapportent aux pays d'origine ou à certaines marchandises.

Canada (2)

A l'importation et à l'exportation on ne trouve que sept catégories où se classent les articles par ordre alphabétique : Produits de la mine. Produits de la pêche. Produits des forêts. Animaux et produits animaux. Produits agricoles. Produits fabriqués. Articles divers. On distingue séparément à l'importation les articles sujets aux droits et les articles

---

1. Les chiffres se rapportent, d'après les *Esclarecimentos* publiés en tête du tableau brésilien aux marchandises importées pour la consommation, l'entrepôt, la réexportation.

2. Source : « Tableau du commerce et de la navigation du Canada pour l'année terminée le 31 mars 1908, compilé des rapports officiels imprimés par ordre du Parlement ». Ottava, 1908.

exempts. Le numéraire et les métaux précieux sont repris à part à la sortie.

La statistique canadienne se rapporte à l'année fiscale qui, depuis 1909, prend fin le 31 mars. Auparavant la clôture était fixée au 30 juin.

Le tarif du 30 novembre 1906 taxe la plupart des articles *ad valorem*. L'article 40 de l'acte de douanes porte que la valeur desdits articles

en sera le prix courant quand, vendus pour la consommation aux principaux marchés de provenance et aux temps où ceux-ci auront été exportés directement au Canada (1) (*sic*).

A l'exportation, la valeur des articles de provenance non canadienne est le coût réel de ces articles. Pour les articles de provenance canadienne, on prend la valeur ayant cours lors de l'exportation, au port du Canada d'où ils sont expédiés.

A côté du commerce spécial (entrées et sorties), le « grand ensemble » correspond au commerce général. Ce grand ensemble doit comprendre, à ce qu'il semble, le commerce des entrepôts et le transit. Ce dernier s'effectue en grande partie par Montréal et un tableau annuel montre les « marchandises

1. On sait que le Canada qui a conservé le français du XVIIe siècle emploie des mots et des tournures qui nous étonnent. Dans le tableau annuel du commerce, nous trouvons les mots *effets* et *articles* avec un sens très spécial qui nous échappe.

reçues des pays étrangers pour transport immédiat à travers le Canada et transbordées du port de Montréal à destination des États-Unis et autres pays.»

Les admissions temporaires ne sont pas reprises à part, le terme provenance canadienne à l'exportation comprenant tous les articles importés qui ont été transformés ou améliorés au Canada, tels le sucre raffiné au Canada après avoir été importé brut, la farine extraite du blé importé. Les pays de prise en charge sont ceux de provenance et de destination.

Le tableau annuel du commerce est divisé en deux parties. On y remarque des tableaux comparatifs pour le trafic de 1868 à nos jours, un tableau des importations et exportations avec la proportion de l'augmentation ou de la diminution comparée avec l'année précédente et l'excédent proportionnel des importations sur les exportations ou *vice versa*, deux tableaux des droits perçus (un pour le total et un autre pour la proportion des droits à la valeur de la marchandise avec les frais de régie), un relevé du commerce de la Grande-Bretagne en regard de celui des autres pays, *un aperçu* sur l'importance du commerce par le Saint-Laurent.

Cap de Bonne-Espérance et Union douanière sud-africaine

Jusqu'en 1906, les colonies anglaises du sud de l'Afrique dressaient séparément leurs relevés statistiques du commerce extérieur, le plus important étant de beaucoup celui de la colonie du Cap. A cette époque, le bureau statistique de l'Union douanière créée en 1903 entre les diverses possessions anglaises (Cap, Natal, Orange, Transwaal, Rhodésie, Basutoland, Bechuanaland, et Swaziland) a établi des résultats globaux pour le commerce *par mer* de l'ensemble de l'union. Dans ces résultats n'est pas compris l'*inter state trade* (commerce entre États de l'Union). Les *Annales de commerce extérieur de 1910* (fascicule 3) auxquelles nous empruntons ces renseignements ajoutent les quelques détails qui vont suivre. Dans les tableaux d'importation, les chiffres concernent les pays d'origine et se réfèrent à la fois aux importations pour le compte des particuliers et à celles pour le gouvernement colonial. L'or en lingots et l'or monnayé, les diamants font l'objet de rubriques spéciales. Si l'on en juge par l'indication des pays d'exportation des marchandises, on doit se borner aux pays de première destination. Il est probable par ailleurs que, comme en Angleterre, les valeurs sont déclarées et toutes les opérations commerciales groupées sous la rubrique « commerce général », qui paraît seule dans les *Annales du commerce extérieur*.

Nous n'avons pu nous procurer la publication de l'Union douanière sud-africaine, mais nous avons eu en mains le *Statistical register of the colony 1908* pour la colonie du Cap. C'est dans ce dernier ouvrage que nous avons trouvé les données ci-après qui, par conséquent, concernent exclusivement ladite colonie.

Les marchandises sont groupées par ordre alphabétique dans les divisions suivantes : animaux vivants, articles pour les usages agricoles, boissons et alimentation (agriculture et jardinage, laitages, produits de la ferme, divers), matières brutes, métaux entièrement ou partiellement manufacturés, autres matières brutes, articles manufacturés (meubles et autres articles d'appartement, sauf la quincaillerie, machines, sauf les locomotives et pièces détachées de ces machines, métaux ouvrés autres que ces machines, provisions de bord des navires : huiles, chandelles, textiles, vêtements, divers).

Les valeurs sont déclarées. Les opérations commerciales comprennent les importations d'outre-mer et des autres États de l'Union sud-africaine, les exportations de produits sud-africains et de marchandises étrangères (réexportations) à l'étranger et dans les autres États de l'Union. A part sont repris le transit de l'or et des diamants, les entrées pour le compte des gouvernements locaux et les espèces. Le mouvement des entrepôts est signalé dans un tableau spécial. Les pays indiqués sont le pays d'origine (autant qu'il est possible) et le pays de destination.

CHINE (A)

Les marchandises sont groupées en 7 catégories subdivisées elles-mêmes : 1° opium (4) ; 2° coton manufacturé (39) ; 3° coton et laine mélangés (5) ; 4° laine manufacturée (10) ; 5° textiles divers (soie, lin, etc.) (7) ; 6° métaux 36) ; 7° divers (156). Les chiffres entre parenthèses indiquant le nombre d'articles on compte 257 numéros à la nomenclature d'importation. A l'exportation le détail est moins grand : 146 numéros. Tous ces articles sont classés par ordre alphabétique. Les quantités sont relevées d'après les unités chinoises, de même que la valeur. La quantité et la valeur sont données concurremment toutes les fois qu'il est possible. Toutefois, lorsqu'il existe un grand écart dans le prix des divers qualités l'administration des douanes chinoises ne juge pas utile de donner la quantité. La valeur est calculée par une commission officielle nommée par les autorités douanières. Les Européens

A. Sources : *Returns of trade and trade reports. Customs gazette*, 1909. — *Annales du commerce extérieur*, 1909. — *The international statistics of the empire of China* (Rapport présenté par M. Morse au Congrès d'expansion économique mondial de Mons). — *Économiste français*, 1908.

se trouvant en Chine dans des conditions d'extra-territorialité, l'action des douanes est limitée aux stipulations exactes des traités entre la Chine et les puissances étrangères. Dans le cas où la valeur est la base du droit, la douane a certains pouvoirs définis mais dans tous les autres cas elle se trouve désarmée pour exiger une valeur correcte (1). Cette dernière représente le coût de la marchandise au moment où elle arrive dans le pays ou le quitte. On exclut à l'importation les frais de débarquement, de magasinage et de vente, les droits de douane et autres contributions dont le montant reste dans le pays. A l'exportation on majore le prix des frais de commission, emballage, magasinage, embarquement et du droit de douane à la sortie (quand il en existe).

Les colis postaux forment une classe spéciale reprise à la valeur seulement. Les importations totales (*gross imports*) sont présentées par pays puis pour chaque article on déduit les marchandises réexportées, ce qui donne les importations pour la consommation (*net imports*). L'admission temporaire est remplacée par le système du drawback. Les chiffres de l'exportation sont présentés globalement, la réexportation incluse. Les douanes chinoises

1. Le tarif du 30 octobre 1902 comprend des droits *ad valorem* (5 o/o). Pour l'application des droits on réduit la valeur des articles similaires du marché de 12 o/o.

doivent se contenter des pays de provenance dernière et de première destination, le privilège d'extraterritorialité des étrangers s'opposant à ce qu'ils soient obligés de prouver la véritable origine et la dernière destination. Hong-Kong dont la production et la consommation sont très faibles représente environ 30 o/o des entrées et des sorties. Depuis 1905 une publication supplémentaire donne pour chaque article à l'importation le pays de provenance et le district de consommation, à l'exportation le district de production et le pays de destination directe.

Les résultats des statistiques douanières sont donnés dans les *Statistical series : Shang haï Daily returns* (depuis 1866), *Custom Gazette* (relevé trimestriel indiquant avec le mouvement commercial et maritime les mutations dans le personnel); *Returns of trade and Reports on trade* (annuels : deux fascicules sont consacrés aux importations et exportations, trois aux ports chinois avec notices spéciales, ports centraux, septentrionaux et du Yang tse); *Chinese version* (édition chinoise des deux recueils précédents); *Decennial reports* (depuis 1881); *Native customs trade returns*.

Égypte

Le tableau du commerce extérieur de l'Égypte pour l'année 1909 présente à l'entrée et à la sortie

14 chapitres : Animaux et produits alimentaires d'origine animale. Peaux et ouvrages en peau. Autres produits et dépouilles d'animaux. Céréales, légumes, etc. Denrées coloniales et drogues. Spiritueux, boissons et huiles. Chiffons, papier, livres. Bois et charbons. Pierres, terres, vaisselle, verres. Matières tinctoriales et couleurs. Produits chimiques. Industries textiles. Métaux et ouvrages en métaux. Articles divers (comprenant les bagages, colis postaux, échantillons et effets personnels). Les unités sont exprimées en kilos ou en mesures égyptiennes.

La loi du 3 août 1909 a établi des droits *ad valorem* à l'importation (8 ou 4 o/o) (1). Ces droits sont basés soit sur le prix porté à la facture authentique majoré des frais de transport, nolis, assurance, soit d'après la valeur de la marchandise en gros au port de débarquement. A cet effet, les principaux produits d'exportation et d'importation sont périodiquement estimés au cours du jour par l'administration d'accord avec les principaux négociants intéressés et la valeur ou tarif ainsi fixé pour chaque espèce de marchandise devient à un point de vue fiscal la valeur

1. Le paiement des droits en nature, prévu d'ailleurs par les capitulations en vigueur en Egypte, est admis, mais on se base sur la valeur et non le poids. Un très petit nombre d'articles sont l'objet de droits spécifiques. La statistique égyptienne n'indique par conséquent pas toujours le poids (Renseignements dus à l'obligeance de M. Randone directeur de la statistique de l'État égyptien).

conventionnelle de cette marchandise durant la période où le tarif reste en vigueur. Pour les exportations on consulte les cours de la Bourse d'Alexandrie. Mais comme par le fait d'un long usage on déduit de ces valeurs 10 o/o représentant l'escompte moyen et que par ailleurs il existe un droit de sortie de 1 o/o, MM. Arminjon et Michel (1) croient que les valeurs attribuées aux produits exportés doivent être majorés de 11 o/o. Ils font remarquer en outre que le coton qui forme 80 o/o des exportations est tarifé sur la base des cours du *good fair brown*, qualité américaine dont le prix est toujours inférieur d'environ 4 o/o à celui des cotons égyptiens. Enfin, le bénéfice réalisé sur les exportations étant en moyenne de 5 à 6 o/o (par comparaison avec les statistiques anglaises d'entrée), ils concluent à une augmentation de 20 o/o du chiffre des exportations.

Depuis 1886 les colis postaux forment une classe à part. Le numéraire est enregistré et par la douane et par la poste. Les opérations commerciales se divisent en 4 classes : 1° les importations (Marchandises et tabac. Numéraire or et argent) ; 2° le transit (surtout charbons par le canal de Suez) ; 3° les exportations (même division qu'à l'importation) ; 4° la

1. *Revue d'Économie politique*, année 1907. Nous laissons aux deux auteurs cités la responsabilité de leurs assertions quant aux prix du coton et aux bénéfices réalisés. Le fait de l'escompte de 10 o/o est signalé par le tableau annuel du commerce égyptien.

réexportation (qui doit être effectuée dans le délai de six mois pour permettre l'allocation d'un drawback de 7 0/0) (1).

Les pays de prise en charge sont ceux de provenance commerciale et de destination déclarée. Il en résulte des inexactitudes forcées.

Les résultats du commerce égyptien sont exposés dans un bulletin mensuel du commerce extérieur et dans un tableau annuel qui sont édités en français. Dans cette dernière publication, des graphiques représentent depuis 1884 le trafic et son accroissement.

États-Unis d'Amérique

D'après les renseignements qu'a bien voulu nous faire tenir le *Bureau of statistics* de Washington (2), les statistiques douanières américaines n'ont été régulièrement publiées que depuis 1821, mais des chiffres ont été donnés pour les années antérieures à partir de 1790. D'abord, dépendant du département du Trésor, le service de la statistique commerciale devint en 1866 un organe distinct.

Les bulletins statistiques (*blanks*) sont fournis par les 152 districts douaniers des États-Unis au bureau

1. Renseignements de M. Randone.
2. Nous profitons de l'occasion, pour exprimer à M. Austin, le distingué chef de bureau, toute notre reconnaissance pour son amabilité.

central du *Departement of commerce and Labor*. Celui-ci vérifie et groupe les données pour préparer les publications. On comprend dans les chiffres du commerce des États-Unis ceux de l'Alaska et de l'île de Porto-Rico.

Les marchandises sont cataloguées par ordre alphabétique dans le tableau de développement. Les « tableaux sommaires » (*summary tables*) les groupent (1) toujours par ordre alphabétique, sous six rubriques, en distinguant les marchandises exemptes de droits et les marchandises taxées : 1° objets d'alimentation à l'état brut et animaux propres à l'alimentation ; 2. objets d'alimentation fabriqués ; 3° matières brutes à l'usage de l'industrie ; 4° produits fabriqués destinés à être employés ultérieurement dans l'industrie ; 5° produits fabriqués prêts pour la consommation ; 6° articles divers. Les tableaux de développement indiquent toujours la valeur et le plus souvent les quantités (tons, bushells, gallons, etc.). L'année financière que suit la statistique finit le 30 juin.

Le tarif américain présente ce caractère particulier d'offrir les bases de taxation les plus variées : droits spécifiques, droits *ad valorem*, droits mixtes (spécifiques et *ad valorem*). Mais son principe est plutôt la taxation *ad valorem*. En vue de son appli-

1. A l'entrée et à la sortie.

cation aucune marchandise importée (1), d'une valeur supérieure à 100 dollars, sauf les effets personnels des voyageurs, n'est admise aux États-Unis sans la production d'une facture dûment établie, signée en trois ou quatre exemplaires par une des personnes suivantes: le propriétaire, le transporteur, le fabricant, ou de leurs représentants légaux. La marchandise y est décrite très minutieusement avec tous ses emballages. Le consul des États-Unis du district où la marchandise a été manufacturée ou achetée certifie ladite facture et, sur la déclaration de l'acheteur ou du vendeur, atteste l'identité de la marchandise expédiée et de celle facturée. Ces pièces ne suffisent pas toujours aux employés des douanes américaines, qui exigent parfois le serment des déclarants (2). A l'entrée, la valeur correspond au prix de gros de la marchandise achetée ou vendue au moment de l'exportation pour les États-Unis. Elle comprend le coût des cartons, boîtes, sacs, emballages, ainsi que tous les autres frais de conditionnement et de manutention nécessaires pour

---

1. Taxée *ad valorem* ou autrement.

2. V. d'ailleurs l'acte du 5 août 1909, section XXVIII, et le luxe de détails consacré à cette production des factures, des déclarations des importateurs ou consignataires, aux amendes pour fausses déclarations faites sciemment (1000 $ emprisonnement de deux ans au maximum) à la falsification desdites pièces (punie de la confiscation de la marchandise).

l'embarquement de la marchandise à destination des États-Unis. Par suite le fret et l'assurance sont exclus.

A l'exportation, toute marchandise doit faire l'objet d'un manifeste spécifiant l'espèce, la quantité et la valeur. Ce manifeste dont la forme varie suivant le mode de transport (chemin de fer, navire, route) est accompagné d'une déclaration en attestant l'exactitude ; il distingue les exportations de marchandises indigènes et étrangères. Pour les premières, la valeur est celle au temps de l'exportation et au lieu de chargement pour l'étranger. Pour les secondes, il existe des règles différentes suivant que ces marchandises étrangères viennent des entrepôts ou du commerce libre. Dans le premier cas, on prend la valeur à l'importation ; dans le second, celle au port ou point frontière d'exportation. Il est d'ailleurs loisible aux exportateurs de déposer dans les quatre jours un manifeste supplémentaire. La vérification des manifestes à l'exportation par navires se borne à déférer le serment ou l'affirmation du propriétaire armateur ou consignataire. Les collecteurs des douanes font du reste compléter les déclarations qu'ils reconnaissent erronées. Une amende de 50 dollars est prévue par le règlement de 1908, à la sortie par véhicules terrestres ou *ferry-boats*, pour les fausses déclarations ou les exportations avant la délivrance du manifeste par l'employé des douanes.

Le numéraire et les métaux précieux sont repris à part, mais il n'existe pas de dispositions particulières pour la statistique de leurs échanges. On se contente, comme pour les autres marchandises, de la déclaration de l'importateur ou de l'exportateur. Les colis postaux ne font l'objet d'aucun relevé spécial ; les produits acheminés par cette voie sont confondus avec les articles similaires importés ou exportés par un autre mode de transport.

Les opérations commerciales se classent sous quatre rubriques : *General Imports*, *Imports entered for consumption*, *Domestic exports* et *Foreign exports*. La première dénomination comprend l'ensemble des entrées excepté le transit et le transbordement. Elle embrasse donc la consommation, les entrepôts et le trafic de perfectionnement. Les *entry for consumption* qui correspondent à la seconde rubrique renferment toutes les marchandises mises à la disposition des importateurs, les droits ayant été acquittés. Il y a donc : 1° les importations directes ; 2° les sorties d'entrepôt pour la consommation. Les *domestic exports* concernent les produits indigènes naturels ou manufacturés et les produits étrangers qui ont été transformés ou perfectionnés (sucre raffiné, objets obtenus avec les matériaux importés). Les *foreign exports* sont les réexportations provenant soit des entrepôts, soit du commerce libre; dans ce dernier cas, ce sont principalement des marchandises exemptes.

En marge de ces catégories, se trouvent le transit et le transbordement repris seulement d'après leur valeur (1) dans des tableaux spéciaux. Les admissions temporaires ont lieu soit pour réparations de machines (section XVIII de l'acte du 5 août 1909. On prélève un acquit pour 6 mois et l'opération doit s'effectuer par le même port) soit pour transformation ou amélioration. Dans ce dernier cas, le seul qui ait une importance au point de vue statistique par l'étendue des transactions auxquelles peut donner lieu ce trafic, on rembourse à l'exportation 99 o/o des droits perçus à l'entrée (2). Pour l'avitaillement des navires, on retrouve des dispositions analogues à celles de la législation française (fourniture dans les entrepôts).

Le pays au compte duquel on porte les marchandises est : 1° à l'entrée, celui d'où la facture consulaire est datée (cette facture indique aussi le pays du port d'embarquement); 2° à la sortie, celui auquel est destinée la marchandise d'après le manifeste de sortie (on s'attache au marché de consommation et non au pays de destination immédiate). Les 109 comptes de puissance représentent donc d'une part les pays

---

1. Sauf pour certains articles canadiens transitant du Canada aux ports de l'Atlantique, pour lesquels on relève les quantités et valeurs.

2. Les entrées sont reprises dans les « impors for consumption » et les sorties dans les domestics exports.

d'origine ou de provenance commerciale, de l'autre les pays de destination commerciale.

Les publications statistiques du commerce extérieur des États-Unis (1) sont les suivantes : *Report on the Commerce and Navigation* (tableau annuel) 2° le *Statistical abstract of United states* (annuel); 3° les bulletins ou feuilles mensuelles : *Advance sheets from the summary of commerce and Finance. Summary of commerce and Finance of the United states. Bulletin of export of domestic breadstuff meat and dairy products, food, animals, cotton and mineral oils. Imports and exports of the United states* (valeurs totales, simple feuille). Ces publications se recommandent, comme toutes celles du *Departement of commerce and labor*, par le nombre et la variété de leurs informations (2).

---

1. A signaler cette recommandation qui figure en tête de toutes les circulaires administratives relatives à la statistique du commerce extérieur. « Un grand échange de correspondance, beaucoup de travail de la part des commis de la douane et du bureau de statistique, un retard important dans la préparation des rapports pour l'imprimeur, seraient épargnés si les commis des douanes qui fournissent les comptes voulaient observer avec soin les instructions, règlements, circulaires, tableaux et notes de formes variées fournis par le Département pour leur gouverne. »

2. Les tables des statistiques annuelles offrent des données comparatives pour les quatre dernières années. Les tableaux de développement montrent le pourcentage des droits par rapport à la valeur. Le dernier volume décennal est de 1904.

Indes anglaises

L'Annual statement of the seaborne trade and navigation of British India contient seulement le commerce des ports britanniques de l'Inde pendant l'année financière finissant le 31 mars. Le commerce des États indigènes n'est pas relevé. Le trafic des possessions françaises et portugaises, d'Aden (rattaché administrativement à l'Inde) est à part.

Les quantités et valeurs sont basées sur les déclarations des importateurs (*bills of entry*) et des exportateurs (*shipping bills*), vérifiées par les officiers de douane. La nomenclature des marchandises comprend sept rubriques principales : 1° animaux vivants, 2 objets d'alimentation et boissons ; 3° métaux et ouvrages en métaux (quincaillerie et coutellerie y compris les ouvrages en plaqué, métaux, machines et appareils de minoterie, matériel de chemin de fer fixe et roulant) ; 4° produits chimiques, drogueries, médicaments et narcotiques, matières pour la teinture et le tannage ; 5° huiles ; 6° matières brutes et articles non fabriqués ; 7° articles fabriqués et articles partiellement fabriqués (fils et textiles, habillement, autres articles). Sous ces rubriques et leurs subdivisions les articles sont classés par ordre alphabétique.

Autant que possible le poids net est indiqué avec les unités habituelles : tonne, quintal, mais la pratique commerciale est respectée lorsqu'elle emploie d'autres mesures telles que gallons, yards, etc.

La valeur des marchandises représente le prix de gros auquel les marchandises de même qualité sont vendues ou susceptibles d'être vendues au lieu d'importation ou d'exportation, sans aucune autre déduction que l'escompte, excepté (à l'importation) le montant des droits de douane. Lorsqu'on ne peut réunir les éléments nécessaires, on se base sur le prix auquel les marchandises de même espèce et qualité pourraient être délivrées à telle place, toujours en opérant les déductions qu'on vient d'énoncer.

Les colis postaux à l'entrée et à la sortie ne sont pas l'objet d'une statistique spéciale, mais leur contenu rentre dans le total général des marchandises. Les envois par la poste ne sont pas relevés. Le commerce des métaux précieux et les expéditions faites pour le compte du gouvernement sont repris séparément. On néglige les transbordements, les ports indiens n'étant pas, d'ailleurs, des centres importants pour ce trafic (1). Finalement le tableau annuel, rappelant celui de l'Angleterre, distingue : 1° l'importation (quantité et valeur des marchandises débarquées, qu'elles soient pour la consommation, l'entrepôt ou la réexportation) ; 2° l'exportation des marchandises étrangères et anglaises ; 3° l'exportation

1. Ils ne présentent pas d'abris suffisants par les steamers de l'océan.

des marchandises indiennes, provenant du cru ou des manufactures de l'Inde. L'admission temporaire est remplacée par le drawback.

Les importations sont portées au compte des pays d'où elles sont directement embarquées pour l'Inde. Dans le cas de transbordements on indique le lieu de transbordement, excepté quand la marchandise est accompagnée d'un connaissement direct émanant d'un pays situé au delà du lieu de transbordement. Ces connaissements directs sont d'ailleurs assez rares. Les exportations sont créditées au pays auquel appartient le port de destination déclaré. L'*Annual statement* fait ressortir que le système majore considérablement le trafic de certains pays ou ports de transit : l'Angleterre envoie beaucoup de produits français ; l'Allemagne ceux de la Belgique et de la Hollande ; Hong-Kong transborde le commerce japonais, celui des Philippines et de l'Amérique. D'après M. Noël Paton, directeur général des informations commerciales du gouvernement des Indes, un supplément aux statistiques commerciales de l'Inde, donnant autant que possible les pays réels d'origine et de destination dernière, a été édité dernièrement.

JAPON

Les récentes victoires du Japon sur la Chine et la Russie l'ont amené à envahir de plus en plus l'Asie orientale. Possesseur de Taïwan (Formose), protecteur de la Corée (1), l'État japonais commence à conquérir la Chine. Les statistiques elles-mêmes montrent la trace de cette pénétration lente. L'*Annuaire financier et économique du Japon* (2) donne bien, dans sa cinquième partie, le trafic du Japon proprement dit, mais la sixième partie est consacrée à Taïwan et à Karafuto (partie japonaise de Sakkalin) et un appendice donne des aperçus sur le commerce coréen et celui de la province chinoise de Kwantung (3), avec le mouvement du port de Tairen (Dalny).

Les marchandises sont réparties dans la nomenclature en 18 groupes à l'exportation (4), et 19 à l'importation, les teintures et couleurs formant un chapitre à part. Il existe en outre 5 grandes catégories : 1° objets d'alimentation, boissons et tabac *a*) à l'état naturel ; *b*) ouvrés en tout ou en partie ; 2° matières brutes ; 3° produits fabriqués devant être employés ultérieurement dans l'industrie ; 4° produits entièrement fabriqués ; 5° articles divers.

La valeur des marchandises exportées est celle relevée au port d'embarquement. Pour les importa-

---

1. Depuis que nous avons écrit ces lignes, le Japon a annexé purement et simplement la Corée (août 1910).

2. 1909, 9° année.

3. Extrémité sud de la presqu'île de Liao-Toung, théâtre de la guerre russo-japonaise, comprend Port-Arthur.

4. L'exportation est présentée avant l'importation.

tions, depuis 1898, on ajoute au prix d'achat au lieu d'origine le montant des frais de transport, d'assurance, d'emballage, etc. A l'entrée et à la sortie les valeurs sont déclarées ; la douane contrôle et au besoin exige la production des factures commerciales (1).

L'annuaire auquel nous empruntons ces renseignements indique depuis 1874 la valeur totale des marchandises exportées et importées avec le chiffre par tête d'habitant, la valeur totale de l'importation et de l'exportation, des métaux précieux et lingots.

Les marchandises destinées à l'avitaillement des navires n'entrent pas dans les chiffres de l'exportation.

Le commerce général seul est présenté globalement. Le transit, les entrepôts et les réexportations sont également relevés à part. Les pays de prise en charge sont les pays de provenance et de destination immédiate. Un compte est ouvert pour Hong-Kong et un autre pour les pays « inconnus » (2). Dans l'annuaire financier des diagrammes montrent avec les valeurs globales des importations et exportations la part de chaque continent et celle de chaque groupe de marchandises (matières premières, articles manufacturés, aliments).

---

1. Renseignements dus à l'obligeance de M. Kiyoski Nonaka, secrétaire au ministère du Commerce japonais.

2. Il s'agit probablement des pays pour lesquels on ne possède pas suffisamment d'indications.

Mexique

Les marchandises sont réparties à l'importation en 11 classes semblables à celles du tarif : Matières animales. Matières végétales. Matières minérales. Tissus et ouvrages en tissus. Produits chimiques et pharmaceutiques. Boissons spiritueuses fermentées et naturelles. Papier et ses applications. Machines et appareils. Véhicules. Armes et explosifs. Divers. A l'exportation on ne trouve que 5 classes : Produits minéraux. Produits végétaux. Produits animaux. Produits manufacturés. Divers. L'année fiscale finissant le 30 juin, il faut examiner sous cette réserve les chiffres du *Bulletin de statistique fiscale du Mexique*. D'après ce document on indiquerait le pays de provenance et celui de première destination. Comme les *Annales du commerce extérieur* ne donnent que les chiffres du commerce général, il est à présumer qu'on ne distingue pas entre le commerce général et le commerce spécial. Les métaux précieux font l'objet de rubriques distinctes et depuis 1906 on cote l'or exporté à son prix commercial. Des primes sous forme de remboursements de droits ou des exemptions de droits sont prévues soit pour encourager l'industrie minière (loi du 25 mars 1905) soit pour favoriser certains territoires (territoire de Quintana-

Roo, décret du 30 mai 1905). On ne tient pas compte des envois par la poste.

A l'importation, les valeurs sont basées sur les factures consulaires ; à l'exportation sur les déclarations des exportateurs. Une question importante non seulement pour les statistiques mexicaines, mais pour la plupart des républiques américaines, est celle du régime monétaire. La loi du 25 mars 1905 a réorganisé ce dernier au Mexique et la valeur du trafic commercial est exprimée en piastres mexicaines (peso argent valant 5 fr. 43 au pair, mais subissant une forte dépréciation au change). Nous avons vu plus haut que l'or était coté à sa valeur commerciale. Quant à l'argent il suit le cours de la place de Londres (sauf l'argent monnayé).

Pérou

D'après l'*Estadistica del Comercio Especial del Peru en el ano 1906*, les marchandises sont rangées dans dix sections. Le commerce spécial seul est publié ; les produits entreposés (à Paita, à Callao et à Iquitos) ne rentrent pas dans ces chiffres. De même le trafic frontière avec l'Équateur, le Brésil et la Bolivie, n'est pas relevé. Le poids indiqué est en général le poids brut. Le tarif étant *ad valorem*, on adopte dans les tableaux statistiques la valeur qui sert de base à la taxation. Lorsque la marchandise est exempte de droits ou non reprise au tarif, on table sur la valeur en douane et on la majore de 25 o/o. Pour les marchandises exemptes ou sujettes à des droits élevés, cette dernière estimation est plutôt modérée. A l'exportation, la Chambre de commerce de Lima fournit les taux d'évaluation sous réserve des rectifications apportées par les bureaux de douane au vu des prix des marchés européens. Le commerce d'importation est limité à quelques ports de 1re classe (1) et au bureau d'Iquitos sur le fleuve des Amazones. L'exportation a lieu par tous les bureaux et même en dehors des bureaux lorsque le gouvernement l'autorise.

Les pays de prise en charge sont : 1° à l'importation, le pays porté à la facture consulaire produite lors de l'importation ; 2° à l'exportation le pays de destination première.

République Argentine

L'importation comporte 19 groupes avec des subdivisions et l'exportation 6 groupes seulement. La loi douanière du 11 décembre 1906 prévoit des droits *ad valorem* et quelques droits spécifiques. Un tarif d'évaluation est du reste publié. Pour les produits qui ne

1. Sauf permission du gouvernement qui peut autoriser l'importation par les ports de 2e classe ou même les tous petits ports.

seraient pas nommément repris au tarif, les expéditeurs produisent une facture originale (art. 12 de la loi précitée). La valeur sera celle portée à la facture originale augmentée du montant des frais de transport, d'assurance et autres qui grèvent généralement la marchandise jusqu'au moment où elle est déposée dans les magasins de douane du point de débarquement (art. 22). A l'exportation la valeur est le prix de la marchandise sur la place d'expédition. Le tableau du commerce extérieur ne donne que le commerce spécial, bien que des entrepôts et le régime du transit soient prévus par la législation douanière. A titre d'encouragement, la loi du 22 octobre 1907 accorde la franchise aux matériaux, machines, etc., pour l'installation et l'exploitation des établissements des industries minières et métallurgiques. Les pays de prise en charge sont ceux de provenance et de destination.

Nous donnons ci-après un tableau résumant les caractéristiques essentielles des statistiques commerciales des divers pays.

PAYS	MODES D'ÉVALUATION	GROUPEMENT DES OPÉRATIONS COMMERCIALES	PAYS DE PRISE EN CHARGE
Allemagne	V. officielles avec revision annuelle	C. spécial 1, 2 et marchandises exemptes de 3 et 4. C. effectif 1, 2, 3 et marchandises exemptes de 4. C. général 1, 2, 3, 4.	I. Pays d'origine. E. Pays de dernière destination.
Angleterre	V. déclarées contrôlées	C. général 1, 2, 3 et 4. (On peut se rendre compte approximativement du C. spécial.)	I. Pays de provenance commerciale. E. Pays de destination commerciale.
Australie	V. déclarées contrôlées	C. général 1, 2, 3, 4	I. Pays d'origine et pays de provenance. E. Pays de destination.
Autriche-Hongrie.	V. officielles avec revision annuelle	C. spécial 1 C. d'attente 2.	I. Pays d'origine. E. Pays de dernière destination.
Belgique	V. officielles avec revision annuelle et V. déclarées contrôlées pour les marchandises taxées *ad valorem* ou exemptes.	C. spécial 1, 2 et marchandises exemptes de 3 et 4. C. général 1, 2, 3, 4.	I. Pays de provenance commerciale. E. Pays de destination commerciale.
Brésil	V. déclarées avec facture consulaire	C. général 1, 2, 3, 4	I. Pays d'origine porté à la facture. E. Pays de destination immédiate.
Bulgarie	V. déclarées calculées d'après un plan uniforme.	C. spécial 1	I. Pays de provenance commerciale. E. Pays de dernière destination.
Canada	V. déclarées contrôlées	C. spécial 1, 2 Grand ensemble 1, 2, 3, 4.	I. Pays de provenance. E. Pays de destination.
Cap de Bonne-Espérance	V. déclarées	C. général 1, 2, 3, 4	I. Pays d'origine. E. Pays de destination.
Chine	V. calculées par les douanes (marchandises taxées *ad valorem*) ou fixées par une commission.	C. spécial 1, 2 C. total 1, 2, 3, 4	I. Pays de provenance immédiate. E. Pays de *destination immédiate.*
Danemark	V. officielles avec revision annuelle	C. général 1, 2, 3, 4. C. spécial 1	I. Pays de provenance immédiate. E. Pays de destination immédiate.
Égypte	V. déclarées avec facture à l'importation. A l'exportation, V. de la Bourse d'Alexandrie.	C. général 1, 2, 3, 4.	I. Pays de provenance immédiate. E. Pays de destination immédiate.
Espagne	V. officielles avec revision périodique	C. général 1 C. spécial } v. la notice sur C. temporaire } l'Espagne.	I. Pays d'origine et pays de provenance. E. Pays de destination immédiate et de dernière destination.
États-Unis d'Amérique	V. déclarées avec factures consulaires à l'appui des importations.	C. général 1, 2, 3. C. spécial 1, 2 et partie de 3.	I. Pays désigné à la facture. E. Pays de destination commerciale.
France	V. officielles avec revision annuelle	C. général 1, 2, 3, 4. C. spécial 1 et partie de 2, 3 et 4.	I. Pays de provenance. E. Pays de destination déclarée.

	... avec revision périodique...	C. spécial 1...	I. Pays de provenance immédiate. E. Pays de dernière destination.
Indes anglaises...	V. déclarées...	C. général 1, 2, 3, 4...	I. Pays d'où émane le connaissement. E. Pays de destination déclarée.
Italie...	V. officielles avec revision annuelle...	C. général 1, 2, 3... C. spécial 1 et 2.	I. Pays d'expédition. E. Pays de dernière destination.
Japon...	V. déclarées...	C. général 1, 2, 3, 4...	I. Pays de provenance immédiate. E. Pays de destination immédiate.
Mexique...	V. déclarées. A l'importation, factures consulaires.	C. général 1, 2, 3, 4...	I. Pays porté à la facture consulaire. E. Pays de destination immédiate.
Norwège...	V. officielles avec revision annuelle...	C. général 1, 2, 3... C. spécial 1, 2.	I. Pays de provenance immédiate. E. Pays de destination immédiate.
Pays-Bas...	V. officielles permanentes (datent de 1862 et 1872) et V. déclarées pour les marchandises taxées *ad valorem*.	C. général 1, 2, 3, 4... C. spécial 1, 2, 3 et exemptes de 4.	I. et E. *Par terre*, rivières ou canaux, pays de provenance et de destination immédiates. *Par mer*, pays porté au connaissement et à la déclaration.
Pérou...	V. déclarées à l'importation. V. fixées par la Chambre de commerce de Lima à l'exportation.	C. spécial 1 et 2...	I. Pays inscrit à la facture. E. Pays de destination.
Portugal...	V. déclarées...	C. général 1, 3 et 4... C. spécial 1.	I. Pays d'origine. E. Pays de dernière destination.
Rép. Argentine..	A l'importation, V. portées au tarif d'évaluation ou V. des factures augmentée de divers frais. A l'exportation, prix de la place.	C. spécial 1, 2...	I. Pays de provenance. E. Pays de destination.
Roumanie...	V. officielles avec revision périodique...	C. spécial 1...	I. Pays d'expédition. E. Pays de dernière destination.
Russie...	V. déclarées...	C. général 1, 2...	I. Pays d'expédition. E. Pays de dernière destination.
Serbie...	V. déclarées...	C. général 1, 4... C. spécial 1.	I. Pays de provenance commerciale. E. Pays de destination commerciale.
Suède...	V. officielles avec revision annuelle...	C. spécial 1, 2...	I. Pays de provenance commerciale. E. Pays de destination commerciale.
Suisse...	V. officielles avec revision annuelle pour l'importation. V. déclarées contrôlées pour l'exportation.	C. général 1, 3, 4... C. effectif 1, 3. C. spécial 1.	I. Pays de production. E. Pays de dernière destination.

Nota. — Pour rendre plus clair le présent tableau, nous avons adopté les abréviations suivantes : Valeur, V.; Commerce, C.; Importation, I.; Exportation, E. Dans le groupement des opérations commerciales, nous entendons par 1 les marchandises importées pour la consommation ou produites dans le pays et exportées ou nationalisées; par 2 les matières premières et produits importés pour être mis en œuvre et exportés et les articles manufacturés en provenant (admissions temporaires); par 3 le commerce d'entrepôt (marchandises étrangères importées et vendues pour l'exportation sans transformation); par 4 le transit direct (entrée et sortie).

CHAPITRE III

AMÉLIORATIONS A APPORTER A LA STATISTIQUE FRANÇAISE

Avant d'entrer dans le détail de l'examen des modifications qu'il serait souhaitable d'apporter à la statistique française, nous voudrions en quelques mots faire la psychologie des parties en présence : le douanier et le commerçant français. Nous n'avons pas la prétention de dépeindre les deux personnages en question sous tous leurs aspects, mais nous croyons qu'il n'est pas inutile de scruter leur état d'âme au point de vue statistique (1).

Le douanier d'abord. Suivant une formule chère à M. Y. Guyot, « le douanier n'est pas un statisticien ». Quel que soit le système douanier, fiscal ou protecteur, la statistique n'est jamais envisagée. Le Parlement, en votant les tarifs, fait œuvre fiscale et protectrice, mais il n'a pas l'intention de faciliter

1. V. à ce sujet le rapport de M. Poinsard, sous-directeur des bureaux internationaux de la propriété industrielle au Congrès de Mons (1905).

l'élaboration des statistiques. Le zèle des employés est stimulé par des prélèvements sur le produit des amendes et confiscations mais nulle part, il n'est infligé d'amende pour inexactitude statistique. En théorie (1) on le pourrait en se basant sur la loi de 1863, mais en pratique il est toujours prudent de se rappeler le mot de Talleyrand : « Surtout pas de zèle. » Et d'ailleurs pourquoi le douanier se dépenserait-il en efforts et recherches ? L'administration des douanes se tient pour satisfaite lorsque les écritures des bureaux sont correctes et bien tenues — le commerce se plaint des retards et formalités à la frontière — l'intérêt fiscal et l'intérêt personnel sont sauvegardés. Alors ? il faudrait vraiment supposer le douanier doué d'une force de caractère peu commune pour s'imposer du travail, s'attirer des ennuis sans autre espoir qu'une réclamation. Et comme dit Brieux dans la *Robe rouge :* « Pas d'affaires surtout, pas d'affaires. »

Côté commerçant. — Le commerçant considère la statistique commerciale à un double point de vue. C'est une source de renseignements et c'est une for-

---

1. Et encore dans une certaine mesure. Lorsqu'un déclarant a suivi les indications du tarif, la douane ne peut rien exiger de plus. S'il déclare par exemple : appareil non dénommé, elle n'a pas le droit de le forcer à indiquer le nom de cet appareil ni sa valeur. Tout au plus le vérificateur des douanes peut-il visiter les colis et reconnaître la nature exacte de la marchandise.

malité. Comme source de renseignements il appréciera fort la statistique, s'en servira pour faire des coups de bourse, demandera la publication rapide des tableaux du commerce extérieur. Il chercherait bien à connaître l'importance de ses concurrents, mais il sait que la douane est une administration impartiale. Dès lors, il se contentera de puiser dans les statistiques des arguments qui viendront à l'appui de ses théories économiques. Il rappellera le ministre des *Cartons verts*(1) qui déclare gravement à un statisticien venant rectifier les chiffres erronés qu'il a fournis : « Vos premiers chiffres m'allaient mieux, je les garde. » Il serait donc inutile de demander au commerçant français le moindre esprit critique dans l'interprétation des statistiques. Si quelquefois (M. Motte en 1899 par exemple) il discute des données statistiques ce sera pour railler la douane et surtout pour montrer que les statistiques devraient toujours donner des résultats avantageux au commerce français. Certes la douane serait en droit de répondre : « Ces renseignements que vous trouvez faux, qui me les a fournis si ce n'est vous. » Très attaché à la vieille théorie de la balance du commerce, le commerçant français est comme ce client d'un restaurant qui réclamait son plat au garçon : « Mais, monsieur, vous ne m'avez rien commandé. »

---

1. Par Georges Lecomte.

Car la statistique est surtout pour le commerçant une formalité administrative, une augmentation des frais généraux. Les formations administratives, le monde des affaires tâche de les réduire au minimum et lorsque, comme au cas particulier, elles ne sont pas sanctionnées par une pénalité quelconque, il les élude d'un cœur léger. D'ailleurs, reconnaissons-le loyalement, une maison voulant faire des déclarations statistiques exactes risque d'immobiliser à ce travail un de ses employés. M. Bortoli exportateur parisien disait au Congrès de la réglementation douanière de 1900 :

Nous avons parfois des colis qui contiennent des marchandises de 50 sortes différentes : brosserie, maroquinerie, cravates, gants ; ce sera une besogne de détail considérable.

Il y a aussi la crainte de laisser percer le nom des clients étrangers et de se voir enlever des débouchés si l'on adjoint des factures aux envois.

Le meilleur remède à cette situation fâcheuse de la statistique du commerce extérieur serait une obligation légale sanctionnée par des peines pécuniaires qui, d'une part, amènerait le commerçant à déposer des déclarations complètes, de l'autre, inciterait le douanier à pratiquer des vérifications inopinées suffisant à tenir en haleine ce même commerçant. Il est évident, nous le répétons encore, que la loi de 1863 permet dans une certaine mesure ces vérifications, mais cette loi ne suffit pas, et le personnel manque actuellement pour en assure l'application.

Si l'on ne veut pas aller jusqu'à l'obligation légale on n'aura que des essais infructueux. Il y a la recommandation insérée au tableau du commerce extérieur belge (V. plus haut), mais nous ne croyons pas qu'elle ait produit beaucoup d'effet. Ce qui manque dans toute cette matière c'est ce que l'on a appelé « l'esprit public ». Il faudrait que chacun dans sa sphère se rendit compte des nécessités sociales et envisageât les conséquences de ses actes journaliers de manière à les adapter à ces nécessités sociales (1). Il est utile, il est nécessaire qu'un pays possède des statistiques de son commerce extérieur. Pour cela le commerçant doit fournir des données exactes et le douanier vérifier ces données pour redresser au besoin les erreurs ou négligences des déclarants.

Lors de l'élaboration de cette thèse, nous avons tenté une enquête auprès d'un certain nombre de Chambres de commerce de villes frontières ou de commerce international. Sur 14 demandes, nous n'avons eu que 9 réponses : 4 lettres sont néga-

1. « Les lois ne valent que par les citoyens auxquelles elles sont remises et par l'intelligence sociale qu'ils apportent à leur exécution ». Discours de M. Dubost au Sénat. Séance du 13 janvier 1911.

tives (1); les 5 autres, d'un intérêt inégal, peuvent se résumer ainsi :

Paris se réfère aux rapports de M. Legrand aux Congrès de Mons (1905), Milan (1906) et Prague (1908). Le premier est un exposé très complet de la statistique française. A Milan, M. Legrand a surtout insisté sur les divergences des statistiques et leurs causes. Le rapport présenté à Prague est une œuvre remarquable, très bien documentée, dont nous nous sommes d'autant plus inspiré que l'auteur a traité la question qui fait l'objet de notre thèse. La conclusion de ce travail est un plaidoyer en faveur d'une conférence périodique des membres du comité des Congrès internationaux des Chambres de commerce et des chefs d'administrations douanières.

Lyon se borne à signaler comme défectueux le dépouillement, tel qu'il se fait, des pays d'origine et de provenance. Elle rappelle qu'elle a obtenu de la douane la spécification des colis-postaux contenant des tissus de soie et termine en ajoutant :

Toutes les fois que notre Chambre s'est plainte des obscurités que laissent subsister nos statistiques douanières, dont les tableaux sont publiés très tardivement d'ailleurs, l'administration des douanes a rejeté la faute sur l'insuffisance des

---

1. Le Havre, Marseille, Lille, Roubaix. Nous traitons ces réponses de négatives parce qu'elles invoquent toute l'importance du sujet pour ne donner aucun renseignement. Les Chambres de Nantes, Bordeaux, Bayonne, Boulogne, Nancy n'ont pas le temps de répondre.

déclarations fournies par les expéditeurs en ce qui concerne les exportations qui ne donnent lieu à aucune perception.

Dunkerque réclame seulement des renseignements établis et délivrés dans le plus bref délai possible.

Cette insiste surtout sur « l'indication des origines et des destinations de chaque marchandise, pour chaque port ».

Nice aborde quatre points : 1° les valeurs en douane ; 2° le trafic des colis postaux ; 3° les publications ; 4° les statistiques d'exportation. La commission des valeurs n'effectue pas des enquêtes assez étendues et :

Il semble que les commissaires chargés des rapports particuliers s'adressent toujours aux mêmes sources et ne se mettent pas en contact avec toutes les Chambres de commerce ou groupements intéressés.

La composition de la commission aurait peut-être besoin d'être élargie. Au demeurant, le président de la Chambre de commerce de Nice n'a aucune confiance dans les valeurs déclarées, le contrôle étant difficile.

Les importations par colis postaux revêtent aujourd'hui un caractère suffisamment commercial pour qu'il y ait lieu de les relever distinctement dans les statistiques.

Les publications statistiques ne sont pas à la portée du public : trop volumineuses et trop chères.

Les statistiques d'exportation sont sans valeur. Cependant, on peut, dans les ports, rapprocher les manifestes de sortie des manifestes de fret des compagnies. Le meilleur remède est encore d'adopter les chiffres d'importation des statistiques étrangères.

La recherche des améliorations, en ce qui concerne la statistique du commerce extérieur, est utilement précédée d'une définition du sujet traité. Le commerce extérieur ne constitue pas la seule donnée sur les relations financières et économiques des peuples.

Dans la balance économique de chaque peuple, l'excédent des importations de marchandises doit être inscrit à son actif comme l'excédent des importations de métaux précieux de valeurs mobilières, d'instruments de crédits (1).

C'est pour avoir méconnu cette vérité que les anciens économistes se sont groupés autour de la théorie de la balance du commerce. La véritable balance économique tient compte en outre des frais de transport, des intérêts des capitaux placés, des dépenses faites par les étrangers, etc. (2). C'est ce

1. Y. Guyot. *Rapport au Congrès de Mons*, p. 15.

2. Il est vrai que M. Pierson a soutenu au Congrès international d'Anvers (1894) que l'encaisse des banques est un indice suffisant pour évaluer la balance du commerce international V. dans Amé, *Études sur les tarifs de douane* (t. II, p. 444) et surtout dans Gide (*Principes d'Économie politique*, 1901, p. 289 et 292), l'énumération des créances et des dettes internationales distinctes des exportations et importations, que l'on a appelées très bien des « exportations ou importations invisibles. »

que M. Ignaz Gruber s'est efforcé de mettre en lumière à la session de l'Institut international de Copenhague (1907). Nous ne le suivrons pas dans son étude de ce qu'il appelle le « *Zahlungsbilan* », nous croyons plus utile de montrer ce que la statistique commerciale donne et ce qu'elle pourrait donner, ses lacunes et ses causes d'erreur. M. Levasseur dans une brochure récente (1) place en première ligne parmi ces dernières la différence entre les chiffres et les faits. M. Bourne (cité par Giffen dans son étude *Use of imports and exports statistics*) croyait à un écart de 1,5 à 6 o/o. La contrebande a égalcment son importance mais, comme le fait remarquer M. Julin, « on peut dresser d'avance la liste des marchandises pour lesquelles cette cause d'erreur peut présenter quelque importance » (2). Ces marchandises seront, en général, des objets frappés de droits élevés et susceptibles de se transporter aisément en quantités plus ou moins grandes. Les effets personnels, par exemple (vêtements et acessoires du vêtement) sont facilement l'objet de fraudes. D'autre part, la situation géographique jointe à une grande différence de prix entre deux pays limitrophes contribue parfois au développement du trafic frontière dans de très grandes proportions. Or, la douane

1. *Aperçu des résultats de la statistique comparee du commerce extérieur* (1906).
2. *Op. cit.*, p. 160.

ne tient pas compte, en général, de ces transactions. Les métaux précieux (1) font non seulement l'objet de transports réels, mais on supplée à leur déplacement par divers moyens : envois par la poste, effets de commerce, titres au porteur (2). La poste tient la statistique des valeurs qu'on lui déclare, mais il reste celles qui sont insérées dans les correspondances et non déclarées (3). Le change ne donne un indice du mouvement des valeurs fiduciaires que pour les effets de commerce.

---

1. Sundbary dans ses *Aperçus statistiques internationaux* est d'avis de mettre à part le mouvement du métal monnayé et de celui destiné à être monnayé. La Conférence internationale de statistique de Bruxelles (1910) a également partagé cette opinion.

2. La douane française a, dans son classement des marchandises, des assimilations plutôt bizarres à ce sujet. Les titres côtés en bourse et les billets de banque sont traités à l'instar des livres ! Ne pourrait-on pas consacrer à ces valeurs fiduciaires une rubrique spéciale, comme on le fait pour l'or et l'argent ?

3. Nous signalons dans cet ordre d'idées le vœu du Congrès d'expansion économique mondial de Mons (1905) tendant à ce que « dans toutes les statistiques du commerce extérieur une place spéciale soit réservée au mouvement international des métaux précieux. Il y a le plus grand intérêt à rapprocher de la statistique du mouvement international des métaux précieux dressée par l'administration des douanes les renseignements fournis par les établissements de crédit. » V. sur la même question au même Congrès le rapport très intéressant de M. Denis professeur à l'université de Bruxelles. M. Bolley, représentant de la statistique commerciale française a repris la question dans la séance du 19 sept. 1910 de la Conférence de Bruxelles.

A côté de ces lacunes qui sont communes aux statistiques officielles de tous les pays en général existent, surtout en ce qui concerne la France, des inexactitudes partielles, avouées par les administrations. Nous voulons parler : 1° des parties du trafic commercial volontairement négligées ; 2° des transports par colis postaux ; 3° de l'exportation.

Nous ne dirons pas grand chose des premières. Chaque pays a, selon ses règlements, des portions plus ou moins étendues du trafic commercial qui sont passées sous silence. On rencontre ici, en général, les échanges entre les frontaliers, parfois, les objets envoyés pour être réparés, les marchandises nationales invendues à l'étranger. Les transbordements sont quelquefois omis. Presque partout on ne tient pas compte du cabotage international proprement dit (marchandises étrangères chargées sur un navire faisant escale dans un pays et réexpédiées sans aucune manipulation vers une destination étrangère par le même navire). L'ensemble des opérations ainsi exclues volontairement des statistiques officielles fausserait plutôt les chiffres des échanges commerciaux. Il y a là des transactions toutes locales ou bien des situations de fait dont il n'y a pas à tirer conséquence.

Une entente internationale pourrait fixer définitivement les limites de cet « hinterland » des statistiques commerciales, mais nous préférerions des indications précises sur la portée des chiffres fournis, en tête de chaque publication.

Les transports par colis postaux ont pris, nous l'avons dit, une importance considérable. Aussi a-t-on demandé qu'ils fussent l'objet d'une statistique spéciale (1). Nous ne méconnaissons pas l'intérêt qui s'attache à un pareil renseignement et nous appuyons volontiers la motion, mais ce contre quoi nous nous élevons, c'est d'une part la suppression de ce trafic postal dans l'ensemble du développement du mouvement commercial, de l'autre, la côte mal taillée que constitue la pratique française. Après toutes les considérations que nous avons mises en lumière, il apparaît que l'emploi du colis postal se généralise de plus en plus pour les transactions commerciales. Pourquoi donc ne pas reprendre sous leur véritable dénomination les marchandises empruntant ce mode de transport ?

Le système français ne répond pas exactement à la réalité des faits. Il fixe arbitrairement à 3 francs de droits de douane la limite de la spécialisation des marchandises contenues dans les colis postaux. Nous savons bien que dans l'esprit de l'administration française il était entendu que toutes les transac-

---

1. Congrès de réglementation douanière de 1900. Question XII, § 7, p. 265. Chambre de Commerce de Nice.

2. V. *Réforme économique*, 1904. *Les Statistiques de notre commerce extérieur*, par Un Député.

tions commerciales devaient être l'objet d'un dépouillement, même celles effectuées par postaux. La limite de 3 francs ne devait concerner que les envois non commerciaux. Mais ici, comme dans mainte occasion, la lettre a tué l'esprit et nous pouvons avancer sans crainte d'être contredit que les relevés statistiques français sont défectueux en ce qui a trait aux colis postaux (1). En résumé, nous admettons très bien une statistique spéciale de ces derniers, mais nous demandons qu'elle soit publiée concurremment avec la statistique générale qui doit comprendre toutes les marchandises. C'est, du reste, ce qui se passe en Belgique.

La question des statistiques à l'exportation a été à l'ordre du jour de la plupart des Congrès de statistique, depuis celui de Saint-Pétersbourg (1872) jusqu'à celui de Prague et la solution n'a pas avancé d'un pas. C'est ici que nous voyons en plein le gros

1. On peut prétendre qu'il importe peu que les colis postaux payant 3 francs de droits ou moins soient relevés en bloc. L'essentiel est que l'on indique la valeur de ces colis avec le plus d'exactitude possible. Or, à ce point de vue, on ne saurait trop s'élever contre les errements vicieux de la pratique française d'après laquelle les colis postaux payant moins de 3 francs sont valorés au taux uniforme de 15 francs le kilo. La Chambre de commerce de Lyon a obtenu ces dernières années que l'on séparât les colis postaux de soieries des autres envois ; cette tentative serait à compléter par une réforme complète de la méthode de dépouillement des colis postaux.

inconvénient de ce que M. Julin appelle « l'union trop intime de la statistique commerciale avec la perception du droit ». Les théories protectionnistes actuelles qui ont cours dans tous les pays sont opposées à la tarification des marchandises exportées et, sauf de rares exceptions, d'ailleurs limitées à un ou deux articles, il n'existe plus de droits de sortie. Le droit de statistique qui fonctionne en France et dans quelques autres pays, notamment l'Autriche, l'Allemagne, la Suisse, l'Italie, doit, pour être accepté sans difficulté par les redevables, se borner aux caractères externes de la marchandise : emballages, tonnage. Il n'y a pas à chercher là une contribution à l'exactitude des statistiques d'exportation. L'obligation légale de faire des déclarations exactes aura-t-elle plus de chance ? Oui, si la loi est appliquée, mais on hésite à proposer d'accroître l'arsenal législatif lorsque l'on considère les piteux résultats des lois française et allemande. La loi française de 1863 punit d'une amende de 100 francs les fausses déclarations à la sortie (1); la loi allemande prévoit une amende de 100 marks. Ces textes sont demeurés lettre morte. En pouvait-il être autrement ? Nous avons vu que l'intérêt fiscal fait ici défaut. Comme conséquence de cette absence de fiscalité le personnel des douanes, en nombre très

1. Et à l'entrée aussi lorqu'il s'agit de marchandises exemptes.

restreint, n'est prévu que pour les opérations qui mettent en jeu les intérêts du Trésor. A supposer les commerçants déposant des déclarations de sortie exactes, il faudrait augmenter le nombre des employés rien que pour centraliser ces renseignements. Nous avons ici particulièrement en vue le commerce français. La France a un commerce d'exportation très diversifié. Les envois à destination de l'Amérique renferment les articles les plus variés. D'ailleurs, il serait à craindre que le commerçant, même scrupuleux et désireux de fournir des donnés exactes, ne s'égarât dans le dédale des complications du tarif des classements et assimilations. Il faudrait donc, comme le dit M. Moucheront « faire procéder dans un intérêt purement statistique à des ouvertures de colis susceptibles d'entraîner pour le commerce des frais de manutention parfois élevés et des retards préjudiciables à la rapidité des expéditions.

Nous avons raisonné à un point de vue tout théorique. Que se passe-t-il dans la pratique ? Les déclarations d'exportation ne sont pas l'œuvre des commerçants, ceux-ci, à part de rares exceptions, n'habitant pas la frontière. Dès lors entrent en scène les commissionnaires en douane et les compagnies de transport. Le commerçant aura beau donner des indications exactes (1), ces derniers agiront au mieux de leurs

1. Dans son rapport au Congrès de 1900, M. Moucheront se déclare convaincu que « les lettres de voiture ou bulletins

intérêts, c'est-à-dire suivant la loi du moindre effort.

Sûrs à peu près de l'impunité, dit M. Moucheront, ils établissent leurs déclarations suivant les besoins de leurs envois ou de leurs groupements et n'ont d'autre souci que de consigner sur le permis de sortie des indications plus ou moins exactes que le service sera le plus souvent dans l'obligation d'accepter sans contrôle pourvu qu'elles soient conformes à un article quelconque de la nomenclature officielle. Dans la généralité des cas, l'espèce des marchandises est déclarée au hasard des formules qui se prêtent le mieux à une classification générale ; quant à la destination déclarée, elle est le plus souvent pour les expéditions par voie ferrée le pays limitrophe et pour les expéditions par mer le pays pour lequel relève le navire (1).

Ces procédés sont déplorables et on comprend que dans la discussion d'intérêts économiques on tienne pour peu sincères les statistiques d'exportation. Une autre cause d'erreur ou du moins un obstacle à l'éta-

---

d'expédition sont en général correctement libellés et présentent toutes les indications nécessaires à l'établissement de déclarations régulières ». Et il rejette la cause de l'inexactitude des déclarations de sortie sur les commissionnaires, transitaires, agents de transport.

1. Il y a quelques années les statistiques d'exportation d'une de nos gares frontières présentaient par rapport à l'année précédente des écarts considérables. Le bureau central fit demander des éclaircissements à la compagnie de chemin de fer déclarante. Celle-ci fit cette réponse typique, mais malheureusement exacte. « Depuis l'année dernière, l'employé qui déclarait la sortie a été changé de poste. »

blissement de statistiques exactes réside dans la méfiance de l'exportateur français vis-à-vis des intermédiaires. Il craint de faire connaître sa clientèle et, il faut bien le dire, cette crainte n'est pas sans fondement. Il est arrivé que des agents de transport ou des maisons de commission ont signalé à des commerçants concurrents nationaux ou étrangers la destination exacte de certains envois. En possession de ce renseignement, le concurrent, connaissant la place, emploiera tous les moyens pour supplanter son rival et y réussira parfois. L'Angleterre a évité cet inconvénient en autorisant la déclaration provisoire à l'exportation sous réserve de l'envoi à la douane dans les six jours d'une facture plus explicite en ce qui concerne la marchandise mais muette en ce qui concerne le nom du destinataire. Il y aurait certainement intérêt à adopter cette manière d'opérer.

Certes, les propositions pour améliorer les statistiques d'exportation n'ont pas manqué. En 1872, déjà, au Congrès international de statistique de Saint-Pétersbourg (séance des 12-24 août 1872), MM. Maurice Block et Caignon proposaient la motion suivante :

Il serait désirable qu'un double des déclarations de sortie du pays d'exportation fût produit au pays de destination qui en ferait le renvoi après l'avoir annoté.

Dans la discussion qui suivit le dépôt de cette

motion, les délégués allemands et étrangers, MM. Versman, Meitzen, Thœrner, Schuyl, mirent en avant les difficultés matérielles — obligation d'augmenter le personnel, d'effectuer des transports, échanges multiples — et surtout celles d'ordre moral, entraves et formalités pour le commerce, absence de sanction en cas de fausse déclaration, ingérence internationale dans les administrations. M. Versman fit d'ailleurs fort justement remarquer que « les différences de dénomination, de groupement, d'enregistrement des marchandises, les différences de rédaction et d'annotation des manifestes », entre les divers pays ne permettraient d'arriver à aucun résultat. MM. Block et Caignon réfutèrent l'objection d'impossibilité matérielle, montrèrent que les complications signalées n'étaient qu'apparentes. L'annotation pouvait s'effectuer à l'aide d'un timbre ; la production des factures consulaires à l'exportation des États-Unis ne soulève pas d'inconvénients, mais lorsque l'on passa au vote le siège de la majorité était fait. Non seulement la motion Block-Caignon fut rejetée mais encore le renvoi de cette motion à une prochaine séance demandé par M. Thœrner fut repoussé sans appel. Ce dernier estimait avec raison que la question avait été insuffisamment étudiée. Il est certain, en effet, que s'il paraît risqué de préconiser un échange mondial de documents douaniers il peut exister, dans un cadre plus restreint, des ententes douanières internationales ayant pour objet d'améliorer les statistiques de deux pays limitrophes.

Nous trouvons dans l'institution des gares internationales le germe de réformes sérieuses, au point de vue statistique seulement (1). A Modane, toute déclaration déposée à la douane italienne doit être produite ensuite à la douane française et réciproquement. L'administration des douanes allemandes possède de même des bureaux à Bâle (Suisse), Carlsbad et Marienbad (Autriche), où fonctionnent concurremment les deux services de douane. C'est d'ailleurs le résultat auquel on arrive en France en détachant aux expositions étrangères des employés de douane chargés à la fois de veiller aux intérêts du fisc et de faciliter aux particuliers les formalités administratives (2). Il est aisé de concevoir un échange de renseignements statistiques avec contrôle réciproque dans tous ces bureaux internationaux. Pour remédier aux différences des nomenclatures on pourrait dresser des tables de concordances analogues à celle

1. Nous n'examinons pas l'institution en elle-même car des intérêts fiscaux supérieurs sont à consulter pour décider définitivement la création ou la suppression des gares internationales.

2. Nous citerons à ce sujet comme modèle le service français qui a fonctionné à l'Exposition de Bruxelles (1910). L'incendie ayant détruit les archives de la douane belge et respecté celles de la douane française on put, à l'aide de ces dernières, reconstituer le contenu d'une grande partie des vitrines anéanties.

donnée par M. Allard, dans sa brochure *La Statistique douanière internationale*. M. Allard envisage les classements français,allemand et suisse et indique les numéros des tarifs correspondant entre eux. Au besoin, comme les deux services douaniers travaillent à côté l'un de l'autre, celui qui ne se croirait pas suffisamment renseigné pourrait se transporter chez le voisin pour compléter ses données. Il y a là un projet très séduisant, mais dont il ne faut pas s'exagérer la portée. Les gares internationales ont de nombreux adversaires et nous croyons même qu'au point de vue fiscal, le seul qui intéresse le douanier, elles sont à condamner. On ne peut, en tout cas, généraliser le système, car il se heurte à une impossibilité pour les pays d'outre-mer et il suppose des conventions internationales multiples et variées.

L'idée de statistiques douanières se suppléant respectivement est d'ailleurs subordonnée essentiellement à l'adoptation d'une nomenclature internationale, point sur lequel nous reviendrons. Dans l'état actuel des choses on peut recommander dans les gares internationales un contrôle réciproque des chiffres de la statistique, mais il existe encore trop de contingences pour que l'on puisse tabler très sérieusement sur ce contrôle.

En 1878, à la Conférence internationale tenue à l'exposition de Paris le 24 juillet, M. Bing Benard préconisa la production de factures indicatrices seulement de la marchandise (1). A la session de Rome de l'Institut international de Statistique (1887), M. Bateman parla « d'éduquer les fabricants et exportateurs pour qu'ils prennent intérêt à leurs statistiques et donnent des renseignements exacts à leurs agents d'exportation dans les ports ». M. Caignon, au cours d'un rapport assez étendu préconisa entre autres mesures l'indication de la dénomination commerciale du produit et l'obligation légale de déclarer les marchandises exemptes, soit à l'entrée, soit à la sortie selon les spécifications et unités énoncées au tarif. Cette dernière proposition s'inspirait de l'article 19 de la loi du 16 mai 1863. Nous nous sommes expliqué sur ce point; quant à la dénomination commerciale du produit nous craignons que la portée de la réforme ne soit pas très étendue, ni ses résultats très importants, car l'exemple des difficultés rencontrées dans la définition des substances alimentaires lors de la répression des fraudes (loi du 1er juillet 1905) est probant à cet égard. En 1901, à

---

1. A rapprocher de la proposition de M. Campen au Congrès de Mons (1905) : création d'un bulletin statistique destiné à accompagner les transports et qui servirait à contrôler dans les pays expéditionnaires, réceptionnaires et transitaires les déclarations qui fournissent les éléments des statistiques douanières. M. Y. Guyot (*Le Commerce et les Commerçants*) craint des difficultés au point de départ et se demande comment trancher les contestations. Les Congrès de Milan, 1906 et Prague (1908), ont repris la question sans la faire avancer d'un pas.

la session de Budapest, M. Vargha, se basant sur l'exemple de la statistique du commerce austro-hongrois, a repris l'idée de M. Caignon, mais en l'exagérant encore en ce sens qu'il se contentait de la déclaration du nom commercial de la marchandise. Ce système, dit-il, s'il rend moins facile le dépouillement donne « la matière statistique meilleure, plus authentique et plus conforme à la réalité ». Mais il ne faut pas être grand statisticien pour se rendre compte de l'amas informe de matériaux qui en sortirait. Son auteur a trop été hypnotisé par le spectacle de ce qui se passait autour de lui. La statistique du commerce extérieur est actuellement et pendant longtemps sera un accessoire de la perception des droits. Il suffit donc pour le moment que la déclaration renferme seulement les termes du tarif, la dénomination commerciale ne constituant qu'un complément indifférent au point de vue fiscal. Or, la nomenclature est calquée sur le tarif. Il est plus simple de donner de l'extension à des données précises et obligatoires que de classer des termes vagues à dessein et recouvrant les choses les plus disparates. A la paille des termes, nous préférons le grain des choses, nous voulons dire la nomenclature tarifaire.

MM. Pallain (1) et Domergue (2) se rencontrent

1. Pandectes française. Art. *Douanes*, 1892, t. IV, p. 493 et suivantes.

2. *Réforme économique*, 15 avril 1900. Lettre ouverte à

pour vanter l'article 19 de la loi de 1863. M. Domergue reproche un peu vivement au ministre du Commerce de tenir cet article pour caduc. Peut-être s'illusionne-t-il sur l'effet des lois. « Que font les lois sans les mœurs », nous dirions même plus volontiers sans les crédits nécessaires à leur application. Se figure-t-on les députés votant des crédits pour la création de fonctionnaires de douane assurant l'exactitude des statistiques de sortie. Quel *tolle* général !

Au Congrès de réglementation douanière de 1900, M. Moucheront fit adopter le vœu suivant :

Que les industriels et négociants exportateurs établissent ou fassent établir par leurs mandataires en douane leurs déclarations de sortie avec une sincérité absolue, c'est-à dire avec exactitude, quant à l'espèce, quant au poids et quant à la destination des marchandises. Et qu'au besoin une disposition légale impose au commerce l'obligation de produire à l'appui des déclarations une note de détail signée par les expéditeurs et mentionnant les marques et numéros des colis, l'espèce, le poids et la destination des produits exportés.

Dans l'échange de vues entre les délégués des gouvernements il fut convenu qu'on laisserait aux exportateurs un certain laps de temps (3 jours) pour pro-

---

M. le ministre du Commerce.

duire cette note qui, lorsqu'elle serait fournie, dispenserait les marchandises de toute vérification à la sortie. Or, depuis 1900, qu'a-t-il été fait pour faire passer ce vœu dans la voie des réalisations pratiques (1) ? Rien.

Certains ont espéré trouver dans le concours des compagnies de transport ou même des syndicats et associations commerciales le moyen d'améliorer les statistiques d'exportation. Les chemins de fer ayant leurs statistiques de trafic, on avait un moment songé à les utiliser. Certes, si la base était plus sérieuse, il y aurait là un contrôle important, mais ce n'est un mystère pour personne que, sauf des cas très rares, on se fie à la déclaration de l'expéditeur. Or, ce dernier cherchant à payer les tarifs de transport les plus réduits, dénommera au mieux de ses intérêts la marchandise qu'il envoie. Il y a même, en ce qui concerne les statistiques de transport une cause spéciale d'erreur : ce sont les mouvements commerciaux à raison purement tarifaire. Pour profiter des tarifs spéciaux réduits, les produits suivent parfois un itinéraire des plus fantaisistes.

Nous ne dirons pas grand'chose des statistiques des syndicats et associations commerciales, car elles

1. Il ne faut se dissimuler d'ailleurs que cette note qui dispenserait de la vérification serait tout aussi fausse que le sont aujourd'hui les déclarations.

portent en elles-mêmes de trop grandes défectuosités. Établies partialement, avec la crainte de laisser deviner aux concurrents la direction des expéditions, destinée parfois à éblouir le public ou les assemblées d'actionnaires, elles ne peuvent inspirer une sérieuse confiance. Tout ce que l'on peut faire dans cet ordre d'idées, ce sont des confrontations de chiffres et de documents. Si des différences trop fortes apparaissent, on pourra parfois se trouver sur la trace d'erreurs grossières. Nous rappelerons ici le vœu de la Chambre de commerce de Nice tendant à « rapprocher les manifestes de sortie des manifestes de fret des compagnies ». Il est vrai que cette même Chambre de commerce ajoute qu'il faut plutôt se fier aux chiffres des statistiques étrangères.

Et c'est là, croyons-nous, que se trouvera la solution des difficultés signalées. Actuellement, les négociateurs des traités de Commerce suivent cette méthode : ils prennent comme chiffres d'exportation ceux fournis par les statistiques étrangères à l'importation. C'est l'opinion de M. Liesse (1) et c'est aussi ce motif qui a poussé depuis longtemps les statisticiens les plus éminents et les commerçants les plus avisés à réclamer une nomenclature internationale. Nous aborderons ce sujet plus loin, mais, dès à présent, nous pouvons dire que le fonctionnement de cette nomen-

---

1. *La Statistique*, 1905.

clature internationale amènera la suppression des statistiques d'exportation. Et il est certain que si chaque administration veille à l exécution correcte et loyale des statistiques d'entrée, le problème qui a obsédé tous les statisticiens depuis de longues années sera bien prêts d'être résolu.

La portée des statistiques du commerce extérieur se trouvant bien définie, nous examinerons successivement la coordination et la mise en œuvre des matériaux recueillis : travail matériel, valoration, classement des opérations, pays de prise en charge, centralisation et publication (1), puis dans un dernier

---

1. Nous n'examinerons pas la question de la modification de la nomenclature française pour l'excellente raison que c'est plutôt une question de tarif que de statistique. Tant que la statistique sera un accessoire de la douane, il faudra renoncer à l'idée de constituer une nomenclature indépendante. M. Julin (*op. cit.*, p. 153, 154) signale l'inconvénient de ce parallélisme de la nomenclature statistique et du tarif. Nous citerons par ailleurs comme essais de nomenclature rationnelle et indépendante des tarifs, ceux mis en avant par MM. Funck-Brentano et Dupuis (*op. cit.*), par Isidor Flodström (statisticien suédois cité par M. Göran Bjorkman dans sa communication du 23 septembre 1910 au Congrès de statistique internationale de Bruxelles) dans l'*Ekonomiste Tidskrift* (*Revue économique*) de 1907 et par M. Legrand au Congrès de Prague (1908). Ce n'est pas, il s'en faut de beaucoup, que la classification française soit à l'abri de tout reproche. Le rapport de M. Merle (Congrès du *Matin*, 1905, p. 42 et suiv.), les critiques de M. Allard (*La Statistique internationale*, p. 17), de MM. Funck-Brentano et Dupuis (*Tarifs douaniers et traités de Commerce*, p. 109) suffiraient à prouver le contraire. Lors de la discussion récente qui a eu

chapitre, nous traiterons de l'unification et de la comparabilité internationale des dites statistiques.

Du travail matériel, nous ne retiendrons qu'un côté qui se prête mieux aux progrès et aux améliorations. C'est le dépouillement. Il existe d'une part des machines à dépouiller, de l'autre des machines à calculer. Les premières ne prévoient guère que des opérations simples : recensements par exemple. Aussi, leur emploi n'est-il pas à escompter dans la matière qui nous occupe. Le nombre d'articles est beaucoup trop considérable pour que l'on puisse exécuter un appareil qui enregistrerait à la fois toute la nomen-

---

lieu au Parlement à l'occasion de la révision des tarifs, le rapporteur de la Chambre M. Jean Morel (Annexe 1999, p. 500 a soutenu la division actuelle du tarif français, mais en s'inspirant surtout de raisons d'opportunité. Une question subsidiaire a été posée par MM. Funck-Brentano et Dupuis, celle de l'identité de la nomenclature à l'entrée et à la sortie. Ces auteurs montrent qu'à l'exportation il faut plutôt chercher une classification commerciale. Une même nomenclature ne serait logique, disent-ils, que s'il y avait intérêt à établir la balance des échanges pour chaque catégorie de produits mais en réalité on échange des produits contre d'autres produits. Enfin, les déclarations de sortie seraient plus exactes, car, ou l'exportateur déclare d'après le tarif, et il risque de se tromper sur la valeur de l'expression douanière, ou il emploie les termes commerciaux et l'agent des douanes qui classe risque de se tromper. M. Julin (*op. cit.*, p. 157) objecte qu'une divergence de classement rend impossible toute comparaison entre le mouvement des importations et celui des exportations. Mais on peut se demander s'il ne vaut pas mieux se borner à une comparaison approximative, car le classement tarifaire à l'exportation est un trompe l'œil.

clature douanière. Restent les machines à calculer. Les machines à additionner sont peu pratiques, vu le grand nombre de totaux à affectuer. Le type « la Millionnaire » décrit par M. Julin dans son *Précis de Statistique* (p. 57 et suiv.), présente au contraire de grands avantages. Un système tout à fait analogue utilisé au bureau de la Statistique commerciale de Paris (Arithmomètre Payen) permet d'effectuer les multiplications et les divisions (sans préjudice des deux autres opérations) et rend de grands services. Pour les opérations de peu de chiffres, l'emploi des barêmes peut se recommander. Peut-être l'avenir nous réserve-t-il une machine à dépouiller, en tout cas dans l'état actuel des progrès de la mécanique, il paraît téméraire d'escompter un changement à brève échéance.

Le mode de valoration des marchandises, après bien des tâtonnements, semble être résolu pour le moment, en théorie du moins. Les statisticiens d'opinions les plus opposées (Y. Guyot (1), Julin (2), Sir Bateman (3), Moucheront (4), Legrand (5), Lannoy (6), s'accordent pour recommander les

---

1. *Le Commerce et les Commerçants*, p. 290.
2. *Précis de Statistique*, p. 181.
3. Rapports divers aux sessions de l'Institut international de Statistique. Rome, 1887. Chicago, 1893. Berne, 1895, Saint-Pétersbourg, 1897. Christiania, 1899. Londres, 1905.
4. Congrès de règlementation douanière de 1900, p. 29.
5. Rapport au Congrès de Prague, 1908.
6. Rapport au Congrès de Mons, 1905.

valeurs déclarées, mais avec un accord non moins touchant aucun État ne modifie son système de valoration. Il y a divorce entre la théorie et la pratique. Pour quelles raisons ?

Les systèmes de valoration ont une importance capitale pour les statistiques, car la valeur seule permet de comparer entre eux les éléments du trafic commercial. On conçoit donc que chaque pays soit attaché au mode de calcul qui lui paraîtra le plus avantageux. De là les valeurs officielles permanentes ou revisées après plus d'une année. La Hollande par exemple a des chiffres entièrement faux du fait des valeurs officielles remontant à 1862 et 1872, elle les conserve néanmoins parce qu'elles permettent d'enfler démesurément l'importance de son trafic. Est-ce à dire que le système des valeurs permanentes n'ait que de mauvais côtés? Nous ne le pensons pas. Il a, avec de grands défauts, l'avantage de présenter un point de comparaison. Les prix sont censés rester fixes, les quantités influent donc seules sur les chiffres du total. D'une année à l'autre on voit l'augmentation ou la diminution du trafic. A ce point de vue, on a si bien senti la nécessité d'une commune mesure, d'un étalon, que les deux autres systèmes : valeurs officielles revisées annuellement, valeurs déclarées, ont inventé un artifice pour tenir lieu des valeurs officielles permanentes et permettre des comparaisons entre diverses années.

Le grand débat se pose en effet entre les valeurs officielles revisées annuellement et les valeurs déclarées. Le type des premières est la Commission des valeurs françaises. Les secondes se recommandent surtout du *Board of trade* d'Angleterre et du *Bureau of statistics* de Washington.

On a prétendu que la commission des valeurs françaises tenait à jouer un rôle et s'opposait énergiquement à l'adoption des valeurs déclarées pour ne pas voir diminuer son importance. Des esprits chagrins et jaloux se sont livrés à de perfides insinuations à propos de ces hochets dont parlait Napoléon lorsqu'il institua la Légion d'honneur. Nous ne ferons pas à cette compagnie si dévouée et si attachée à ses devoirs, l'injure de penser que de pareilles considérations peuvent influer sur elle, mais nous examinerons les critiques plus sérieuses qu'on lui a adressées et nous essaierons de tirer des conclusions de l'état de choses actuel en France.

On a opposé à la commission des valeurs françaises deux séries d'objections. Les unes tiennent à sa composition, les autres à ses méthodes de travail. Le Congrès organisé en 1905 par le journal le *Matin* émettait le vœu « que pour l'établissement des statisques du commerce de la France certaines industries ou certains groupes d'industries soient représentés dans la commission permanente des valeurs au même titre que le sont, par exemple, les industries des matières textiles, fils et tissus ». Ce serait (v. plus haut) l'opinion un peu voilée de la Chambre de commerce de Nice. Nous n'attacherons pas grande importance à ce reproche, car il est très aisé de donner satisfaction à ce vœu en ouvrant toutes grandes les voies d'accès à la commission des valeurs. Nous sommes même persuadé qu'elle n'y verrait aucun inconvénient. M. Y. Guyot dans son rapport au Congrès de Mons (p. 4) se fait l'écho d'une accusation plus grave. Les membres de la commission, « hommes fort compétents d'ailleurs », sont intéressés dans les prix qu'ils ont à constater, et « quoique ces prix soient déjà ceux du passé, ils peuvent calculer qu'ils auront une influence sur l'avenir ». Et comme preuve à l'appui de ses dires l'émiment économiste cite un rapport de la commission des valeurs de..... 1860. C'est peut-être un peu éloigné de nous. Nous craignons que M. Y. Guyot ne se soit fait l'écho de racontars analogues à ceux que nous signalions plus haut.

En ce qui concerne la méthode de travail, nous avons à formuler des critiques plus fondées, auxquelles on peut répondre victorieusement certes, mais en modifiant plus ou moins le système actuel. Le rapporteur du Congrès du *Matin* se rencontre à nouveau avec la Chambre de commerce de Nice pour demander qu'une consultation annuelle des

Chambres de commerce et Syndicats professionnels soit de rigueur.

« Il semble, dit le Président de la Chambre de commerce de Nice, que les commissaires chargés des rapports particuliers s'adressent toujours aux mêmes sources. »

Et il faut avouer que, « pour un bon nombre d'articles les valeurs sont fixées d'après des renseignements particuliers » (1). La lecture du travail de M. Lequattre, directeur du *Journal de L'imprimerie* publié aux annexes du Congrès du *Matin* (p. 141 et suiv.) est très instructive à cet égard. Pour les machines à imprimer, les caractères typographiques, les lithographies, depuis seize ans

l'évaluation à l'importation baisse et l'évaluation à l'exportation est majorée quand le nombre de kilos augmente à l'importation et diminue à l'exportation.

Pour la chocolaterie autres reproches d'inexactitude (Rapport Cladière, p. 47). Pendant longtemps, les taux d'importation attribués aux pétroles, au minerai de nickel, au cuivre en fil, à un certain nombre de produits algériens ou tunisiens ont présenté, comparativement aux cours pratiqués par le commerce, des différences qui ont échappé à toute explication (2). Nous croyons que la solution pré-

---

1. Julin, *op. cit.* p., 182.
2. « Des hommes pratiques qui participent à la confection

conisée plus haut (consultation obligatoire des associations) remédierait dans une large mesure aux inconvénients signalés.

Nous retrouvons la critique de M. Y. Guyot sous une autre forme lorsque l'on prétend « que les prix fixés par les commissions officielles peuvent être influencés par des considérations politiques et économiques » M. Julin croit que les gouvernements sont encore inféodés à la théorie de la balance du commerce, et il insinue que les commissions sont suspectes de choisir des chiffres favorables à la thèse gouvernementale. Il y a peut-être du vrai dans l'assertion de M. Julin mais elle est difficilement vérifiable et l'on ne peut apporter qu'une réponse morale à des preuves morales. Nous ne pousserons pas l'indiscrétion jusqu'à pénétrer dans le sein des commissions et tant qu'un argument plus décisif ne sera pas apporté nous accorderons confiance à la commission des valeurs pour son « honorabilité » si souvent reconnue.

MM. Funck-Brentano et Dupuis (1) signalent des différences entre la valeur des marchandises exportées et celle accusée par la commission. Cette dernière table sur la valeur moyenne des produits

---

des listes de valeurs officielles n'ont dans les résultats obtenus qu'une confiance médiocre. Julin, *op. cit.*, 182.

1. *Tarifs douaniers et traités de commerce.*

exportés au lieu de sortie, mais il est bien certain que le prix stipulé par le fabricant exportateur n'est jamais celui du marché intérieur. Il peut être supérieur ou inférieur. C'est ce qui se produit notamment avec le dumping qui vise à la conquête de débouchés à l'extérieur. La remarque est exacte mais nous ne voyons pas comment on pourrait, avec le système de la commission des valeurs, arriver à un autre résultat. Les « prix moyens » sont seuls pris en considération ; par suite, à moins de tomber dans les valeurs déclarées, il faut se résigner aux différences signalées.

Nous estimons d'ailleurs que la pratique française en ce qui concerne les éléments constituant la valeur d'une marchandise doit être approuvée. Dans son rapport à la session de l'Institut international de statistique de Budapest (1901), M. Vargha montre que si, logiquement, on devrait comprendre les frais de transport, le fret et l'assurance dans la valeur des produits exportés (comme on le fait pour les importations) on arriverait à des procédés compliqués et difficiles. Il est donc plus convenable de prendre le prix des marchandises à la frontière (dans le cas des entrées et des sorties) en confiant à d'autres statistiques le soin de déterminer les bénéfices réalisés par les divers pays. A ce point de vue le système des États-Unis et de la moitié des colonies anglaises qui élimine les frais de transport de la valeur de la marchandise doit être considéré comme défectueux (1).

Nous arrivons à une critique assez sérieuse quant aux taux employés. Dans un article de la *Réforme économique* (15 avril 1900), M. Domergue regrette que nous ne puissions, comme en Angleterre, donner les totaux du commerce extérieur, mois par mois, sans trop de remaniements dans les valeurs. Les premiers mois de l'année subissent trois évaluations : 1° avec les taux de l'avant-dernière année ; 2° avec ceux de l'année précédente ; 3° avec les taux définitifs. Dans un entretien avec M. Y. Guyot, l'économiste distingué nous disait qu'on aimerait un peu plus de netteté dans l'esprit. Lorsqu'on cite d'après un bulletin mensuel, si l'on ne prend bien garde on risque de donner des valeurs fausses. L'administration des douanes indique bien en tête ses bases de calcul mais on perd facilement de vue ses recommandations. Le plus remarquable c'est que pas une de ces bases ne correspond à la réalité. Il peut y avoir une hausse de prix pendant quelques mois, rien ne transpirera dans les statistiques puisqu'on

1. La session de Chicago (1893) de l'Institut international de statistique a émis le vœu suivant : « Les importations doivent être évaluées au port d'arrivée avec le coût du fret et les exportations au port d'embarquement ». Dans le même sens : Coletti, cité par Julin, dans son rapport au Congrès de Mons. Ce même rapport (p. 8 et 9) expose très nettement la question.

embrasse l'année entière. Il y a en outre la difficulté de déterminer la moyenne pour un espace de temps assez long tel qu'une année.

On peut dire qu'il est matériellement impossible de calculer des moyennes pour des groupes renfermant une énorme quantité d'espèces et de genres de marchaneises tels que nous en voyons de nombreux exemples dans toutes les statistiques belges et étrangères (1).

Et en effet, comment procède la commission des valeurs en France (2). Pour un certain nombre d'articles classés sous la même rubrique du tarif, mais présentant des valeurs très différentes elle demande aux douanes des relevés donnant pour ces articles les quantités respectives des diverses espèces ou qualités des valeurs dissemblables. Or les douanes fournissent les éléments les plus fantaisistes parce que le commerce se prête mal à l'indication de ces renseignements et qu'il est impossible actuellement de l'obliger à les fournir. Il y a enfin avec les taux moyens annuels ce résultat très curieux que pour les produits de qualités différentes venant de divers pays producteurs les chiffres obtenus ne correspondent

1. V. dans ce sens le rapport de M. de Lannoy au Congrès de Mons, 1905.

2. M. de Lannoy dans son rapport donne des détails sur les opérations de la Commission des valeurs en Allemagne et oppose à ce type « aussi parfait que possible de la valeur calculée » dit-il, l'à peu près « parfois très large » de la commission française.

dans aucun cas à la réalité même approchée. L'exemple du café est typique. En 1901, les cafés étaient cotés comme suit par pays d'origine : Brésil 90 francs le quintal ; Haïti 105 ; Indes 140 ; Cuba 175 ; Guadeloupe 265 ; Réunion 360. La quotité du quintal a été cette année-là de 108 francs. Donc, sauf Haïti, tous les pays ont eu des résultats faussés. Le total général du commerce est exact, dira-t-on. Soit, mais il n'est pas moins important que le total partiel avec tel ou tel pays soit juste. Nous pourrions citer d'autres exemples (1).

Il y a longtemps que les statisticiens ont reconnu ces inconvénients. Dans le *Dictionnaire du commerce de Guillaumin* (1859), Natalis Rondot propose les deux réformes suivantes : les Chambres de commerce pourraient, en ce qui concerne les productions ou le commerce de leur région, procéder chaque mois à une estimation après discussion et rapport transmis par le ministre du Commerce aux commissaires des valeurs. Ces évaluations mensuelles locales serviraient à la commission des valeurs pour un travail mensuel sur le commerce général qui donnerait les éléments des proportions à appliquer

1. Nous devons dire à la décharge du tableau annuel français que l'on est entré dans la voie que nous signalons pour quelques articles : coton, chevaux, ânes, béliers, brebis et moutons ; peaux brutes, fruits frais. Il est vrai qu'on se borne en général à distinguer les produits algériens et tunisiens des produits des autres origines.

à ces valeurs partielles. « Les moyennes pour l'année seraient ensuite formées sans hésitation et sans peine. » Natalis Rondot ne considère d'ailleurs tout ceci que comme la transition nécessaire pour arriver à un remaniement définitif qui se traduirait de la manière ci-après. Une commission peu nombreuse nommée pour trois ans, composée pour les 4/5 de fabricants et de négociants, se réunirait chaque mois au ministère du Commerce pour établir les prix moyens, pendant le mois précédent, de toutes les marchandises, y compris celles de telle ou telle provenance ou destinations principales. Ce serait une véritable commission d'enquête qui s'entourerait de tous les renseignements : rapports des Chambres de commerce, avis d'hommes compétents.

La commission arrêterait des valeurs mensuelles qui seraient inscrites en face des quantités mensuelles soit totales, soit, dans certains cas, de telle ou telle provenance ou pour telle ou telle destination. A la fin de l'année, on aurait facilement la valeur moyenne de chaque article.

Le dernier cinquième de la commission comprendrait des fonctionnaires supérieurs des finances et du commerce et des personnes compétentes sur la question des valeurs. Cette fraction exercerait un contrôle sévère. Le vote des valeurs serait réservé à la commission entière.

A la fin de la session le ministre recevrait le

compte rendu des travaux et fixerait les valeurs par un arrêté. Le rapport annuel de la commission formerait un chapitre de l'histoire des prix, de leurs variations et des causes qui les ont produites. Un extrait pourrait être placé en tête du tableau du commerce (1). Ce dernier devrait être suivi d'une liste des prix moyens, établis en vue du commerce général et non plus seulement du commerce extérieur, d'une cinquantaine de principaux produits naturels et manufacturés de genre et de qualité bien définis.

Plus récemment, M. Domergue (*Réforme économique* du 15 avril 1900) faisait une proposition analogue avec une petite simplification. Pour les principaux produits agricoles et industriels, les cours officiels sont établis le premier de chaque mois pour le mois écoulé par la Chambre des courtiers assermentés de Paris. M. Domergue voudrait que la douane

---

1. Cf. Y. Guyot dans *le Commerce et les commerçants* : « Les rapports généraux de la commission des valeurs de douane sont publiés en France. Cette garantie n'existe pas en Allemagne ni dans aucun autre pays je crois. Elle doit être réclamée avec insistance non seulement pour les rapports généraux mais aussi pour les rapports spéciaux. Toutefois les rapports publiés en France ne donnent pas suffisamment de renseignements sur les méthodes employées pour fixer les prix et les tares », p. 294. Nous pouvons compléter ces lignes en indiquant que la Suisse publie le rapport annuel de sa commission des valeurs.

fit ses évaluations avec ces cours (1). Pour les autres marchandises, les taux établis par le secrétaire de chacune des sections de la commission des valeurs, seraient communiqués du 1er au 5 au service de la statistique douanière. Par ce moyen, les valeurs indiquées dans les documents mensuels seraient « d'une exactitude aussi rigoureuse que possible ».

Nous croyons que les réformes préconisées par Natalis Rondot, combinées avec les simplifications suggérées par M. Domergue, constitueraient des améliorations très sérieuses des errements actuels mais il nous semble qu'il ne faut pas s'arrêter dans cette voie. Natalis Rondot conçoit la commission des valeurs s'entourant de tous les renseignements, mais il en oublie un et non des moindres, la déclaration de la valeur.

Certes, les critiques ont beau jeu pour signaler les erreurs inévitables provenant de la négligence ou de la mauvaise volonté des déclarants. M. Pallain (2) a pu dire que les valeurs déclarées évoluaient de la fantaisie manifeste (lorsqu'elles ne sont pas contrôlées) à l'exagération par crainte de sanctions pénales (lorsqu'elles sont contrôlées). Mais il n'en demeure pas moins que nul ne songe à protester contre les chiffres fournis par le *Board of trade*. Les partisans les

---

1. C'est du reste la méthode employée en Allemagne.
2. Y. Guyot et Raffalovitch, *Dictionnaire du Commerce*, article : *Valeurs en douane*.

plus convaincus des valeurs officielles tirent argument du régime économique de l'Angleterre pour essayer de démontrer que la méthode ne peut être pratiquée en France. Certes, nous ne nierons pas qu'il y ait des difficultés à obtenir des valeurs déclarées exactes, nous reconnaîtrons volontiers que le simple système des valeurs déclarées soulève les critiques les mieux fondées (1), mais nous nous refuserons à croire impossible ce qui n'est que difficile et d'une application délicate. La meilleure raison, d'ailleurs, c'est qu'aux États-Unis, en Angleterre, pays de liberté par excellence, où les citoyens sont

---

1. Les objets de collection pour lesquels la valeur est déclarée doivent subir des majorations de valeur considérables par la commission des valeurs françaises afin de se rapprocher des taux réels.

M. Allard (*op. cit.*), après avoir exposé les inconvénients des valeurs officielles et ceux des valeurs déclarées conclut un peu brusquement en faveur des premières, mais sans donner les raisons qui le font pencher de ce côté. M. de Lanuoy, dans son rapport au Congrès de Mons résume sous trois chefs les objections présentées aux valeurs déclarées : 1° mauvaise volonté ou ignorance du déclarant qui indiquera une valeur erronée ; 2° intervention des commissionnaires en douane ; 3° usages commerciaux ; la valeur frontière qui est portée aux statistiques ne correspond pas toujours aux prix de vente. Mais il estime, et nous partageons pleinement son opinion, que ces critiques qu'on ne saurait méconnaître, malgré d'ailleurs la facilité d'application qu'offre le système des valeurs officielles, ne suffisent pas pour condamner la déclaration de la valeur. « Cette dernière fait œuvre de science et non d'empirisme. »

fiers de leur indépendance, le commerce et l'industrie déclarent les valeurs et fournissent des factures justificatives, soit obligatoirement (États-Unis), soit sur requête (Angleterre). La réponse à la question que nous posions plus haut : pourquoi les valeurs déclarées, acceptées par les théoriciens, ne sont-elles pas pratiquées ? la voici : le système heurte trop les habitudes reçues (1). En France, où la crainte de l'inquisition fiscale est une préoccupation constante, on a peur de fournir des factures. Et si l'on ne donne pas à l'organe de contrôle (douane et commission des valeurs) le pouvoir d'exiger des factures le système restera lettre morte.

Les valeurs déclarées et contrôlées s'inspirent de la méthode scientifique. Nous avons d'ailleurs remarqué que dans plusieurs pays on tend de plus en plus à exiger la déclaration de la valeur. Il en est ainsi en Allemagne, en Suisse et même, qui l'aurait cru ? en France. La dernière revision douanière (loi du 29 mars 1910) a d'une part augmenté le nombre des articles taxés *ad valorem* : outils de mécanicien ; d'autre part, une décision du 24 mai 1910 assujettit à la déclaration de la valeur les armes anciennes pour collection

---

1. M. de Lannoy, professeur à Gand, exprime la même idée dans son rapport au Congrès de Mons : « La valeur calculée est un simple expédient destiné à esquiver certaines difficultés que présente l'emploi de la méthode de la déclaration ».

et armes pour panoplies et les instruments de précision et appareils scientifiques. Il ne faudrait pas, nous nous hâtons de l'ajouter, en conclure que la réforme est mûre. Nous nous estimerons heureux si nous appelons l'attention sur ce point. Les susceptibilités du public sont à ménager. La production des factures ne serait exigée qu'en cas d'erreur manifeste et persistante. Pour enlever toute idée de tronquer les factures, ce qui ne manquerait pas de se produire si personne n'y tenait la main, un texte législatif, porterait que seules les factures visées par la douane feront foi devant les tribunaux, en matière de litiges soulevés par les transactions internationales.

Le vœu de la session de l'Institut international de statistique tenue en 1891 à Vienne nous paraît donc à à retenir.

Il serait désirable de généraliser le système d'évaluation basé sur des déclarations spéciales, en laissant toutefois subsister comme contrôle les évaluations officielles là où elles sont en usage ; il serait aussi utile de régler le mode d'exécution du système et surtout le mode de contrôle des évaluations par des conventions internationales (1).

Le Congrès d'expansion économique de Mons

---

1. A ce point de vue il faut prendre garde, dans l'examen des statistiques internationales, au plus ou moins de dépréciation de la monnaie qui sert de base aux évaluations. On évite ainsi bien des erreurs.

(1905) a repris à peu près textuellement ce vœu en y ajoutant le paragraphe suivant :

Si le système des valeurs officielles est admis en tout ou partie, les gouvernements qui recourent à ce procédé devraient livrer à la publicité les documents ou rapports d'après lesquels ces valeurs sont établies, en indiquant notamment le nombre des relevés sur lesquels les prix moyens sont établis, et en général tous les éléments d'après lesquels peut se former une appréciation critique des chiffres officiels.

En résumé, nous préconisons le système des valeurs déclarées avec contrôle de la douane d'abord, de la commission des valeurs ensuite. Les agents de contrôle pourraient exiger la production des factures ; ils auraient à leur disposition des rapports ou consultations des associations commerciales et ouvrières (1), des mercuriales périodiques. Les tableaux mensuels donneraient les chiffres des valeurs déclarées sauf rectification ultérieure. Nous voyons à notre projet un double avantage : plus de précision dans les documents et plus de rapidité dans leur publication. Le tableau annuel serait établi avec autant de soin que maintenant et le rapport de la commission des

1. Les Chambres de commerce et associations industrielles pourraient fournir chaque mois aux bureaux principaux une liste des prix constatés pendant la période écoulée. La douane aurait ainsi de sérieux éléments de contrôle.

valeurs figurant en tête serait une contribution importante à l'histoire des prix.

Notre éminent professeur, M. Cauwès, a soulevé naguère au sujet de la déclaration de la valeur une critique que nous estimons peu fondée. Dans la séance du 11 juillet 1900, à la Société d'Économie politique nationale, après avoir répondu aux observations de M. Domergue, il reprochait aux valeurs déclarées de ne point permettre de comparaison entre les différentes années se succédant, les taux officiels manquant. En 1896 il a été procédé en effet à un travail très intéressant par le bureau de la statistique commerciale française. On a appliqué aux quantités de marchandises importées et exportées pendant lès dix années 1887-1896 les taux de l'année 1896. De cette manière, on pouvait, en comparant les résultats accusés chaque année par la commission des valeurs et les nouveaux chiffres obtenus avec les taux de 1896 se rendre compte de la baisse des prix (1). Le travail empruntait aux circonstances un intérêt particulier. La période décennale 1887-1896 se divise en

1. M. Timiriazew à la session de l'Institut de statistique de Saint-Pétersbourg (1897) a étudié par cette méthode l'influence de la baisse des prix des marchandises sur le commerce international. Il arrive pour une période de vingt ans à un accroissement de 1 o/o en tenant compte des maxima et des minima. Comme il évalue l'augmentation de la population à 1 o/o, il conclut à la stagnation relative dans le développement des relations du commerce international (V. le *Bulletin de l'Institut international de statistique*, t. XI, p. 153 et suiv.)

effet en deux parties égales dont l'une est antérieure, la seconde postérieure à l'application du tarif édicté par la loi du 11 janvier 1892. Dans la discussion du 11 juillet 1900, M. Cauwès disait : « Je ne crois pas qu'en Angleterre cela puisse être obtenu avec le système qui est suivi. » Il est probable qu'au moment où parlait le savant professeur, le *Board of trade* n'avait pas encore publié sa méthode de comparaison des prix. Quoi qu'il en soit, M. Wilson, sous-directeur du *Commercial departement of board of trade* a fait paraître, sur l'ordre du Parlement, des tables montrant la valeur des importations et exportations de chaque année avec les prix de 1900. M. Y. Guyot donne les détails suivants sur ces tables (1) :

Certains articles ne figurent aux tableaux que par la valeur, pour ceux-là on n'a pu employer le calcul direct. Pour les objets fabriqués on a pu assimiler les articles au groupe auquel ils appartiennent. Cette opération faite il ne reste qu'environ 5 o/o des importations et 10 o/o des exportations. Ce sont aux importations quelques articles d'alimentations, de boissons et de matières premières ; aux exportations des objets envoyés par colis postal, quelques objets fabriqués. On estime alors que leur prix a dû varier proportionnellement à celui des autres articles.

On désigne par 100 la moyenne des prix de l'année 1900 et on représente par un nombre proportionnel

1. *Le Commerce et les commerçants*, p. 343.

aux valeurs obtenues avec les chiffres de l'année 1900 les valeurs estimées. On obtient le tableau suivant :

	IMPORTATIONS		EXPORTATIONS		RÉEXPORTATIONS	
	Valeurs déclarées	Valeurs estimées avec les prix de 1900	Valeurs déclarées	Valeurs estimées avec les prix de 1900	Valeurs déclarées	Valeurs estimées avec les prix de 1900
1900	100	100	100	100	100	100
1901	100	103	96	101	107	109
1902	101	105	97	107	104	107
1903	104	107	100	110	110	111
1904	105	108	103	112	111	110
1905	108	110	113	124	123	118
1906	116	112	129	133	135	119
1907	123	115	146	143	144	125

Changements dans les quantités

Changement dans les prix.

On a aussi les variations par groupes de marchandises. M. Y. Guyot ajoute :

Le contrôle des chiffres de douane par les prix d'une date déterminée est indispensable pour se rendre compte des mouvements réels du commerce extérieur. Il serait à souhaiter que les ministères du Commerce de chaque pays fissent un travail semblable à celui du *Board of trade*.

Nous signalions plus haut le fascicule paru en

1896 par les soins de l'administration française. Nous devions le signaler d'autant plus volontiers qu'il n'a pas eu de suite. Malgré les invitations de M. Domergue (*Réforme économique*), malgré les économistes qui préconisent cette méthode (MM. Cauwès, de Foville) nous en sommes à attendre un nouveau tableau comparatif. Une particularité de celui de 1896 consistait en graphiques montrant l'influence due aux variations de prix et aux quantités. A notre tour il nous sera permis d'émettre le vœu que l'administration française continue et tienne à jour cette comparaison.

Le professeur Coletti, dans un article paru ces dernières années (1), s'est élevé contre la valeur économique du système que nous venons de développer. Son argumentation vise exclusivement l'application de la méthode à l'étude des variations de valeur de la monnaie. Nous ne le suivrons pas sur ce terrain et nous nous contenterons de citer sa conclusion même pour prouver néanmoins l'utilité de travaux tels que ceux du *Board of trade* et du bureau français de la statistique commerciale.

Les inductions qu'il sera permis de tirer ne pourront être que limitatives et réduites à l'augmentation matérielle des

1. *Giornale degli economisti*, février 1904. — *Le comparazioni nelle statistiche del commercio internazionale e le variazioni del valore monetario.*

échanges et de l'activité productrice du pays dans la mesure où celle-ci se reflète dans les échanges eux-mêmes.

Il nous semble que c'est là un rôle intéressant. Que les variations des prix accusées par la valoration à l'aide des taux d'une année ne correspondent pas aux variations de valeur de la monnaie, nous l'admettons sans peine; mais le professeur Coletti ne peut nier que l'emploi de ces taux ne permette de se rendre compte de ces variations de prix, renseignement très précieux pour l'étude du mouvement économique. M. Coletti reconnaît lui-même l'infériorité des moyens préconisés par Giffen (quotient de la valeur des importations et exportations réunies par le nombre d'habitants), Sir Rawson (quotient de la valeur des importations et exportations par le poids), vis-à-vis de la méthode du *Board of trade*. La composition qualitative et quantitative du commerce change chaque année et les critiques adressées aux index numbers de Sauerbeck s'appliquent entièrement aux procédés de Giffen et de Sir Rawson (1).

Un essai intéressant se trouve dans les tableaux de l'*Official year Book of the commonwealth*

1. Nous signalerons en passant l'essai très intéressant tenté par M. Colson dans son *Cours d'Économie politique*, 1903. Il considère les valeurs en douane comme des « nombres indicateurs » en rapport avec l'importance commerciale de notre pays (V. p. 597, 2e volume, son tableau des moyennes annuelles des prix de 1827 à nos jours et les graphiques illustrant lesdites moyennes).

(Annuaire officiel du Commonwealth d'Australie) (1). On voit clairement l'influence des quantités et des prix sur l'augmentation totale de valeur des exportations. Les métaux précieux qui tiennent une place importante dans le commerce extérieur de l'Australie sont mis en vedette. Voici un extrait du tableau pour les chiffres de l'année 1907 :

ANNÉE 1907	Variations en plus ou en moins par rapport à 1901 dans les exportations dues aux changements dans les			Variation totale en plus ou en moins par rapport à 1901
	exportations de métaux précieux	quantités autres que celles des métaux précieux	prix des exportations autres que celles des métaux précieux	
	Liv. sterl.	Liv. sterl.	Liv. sterl.	Liv. sterl.
Variation actuelle.......	— 3.416.570	+11.931.568	+14.613.077	+23.128.075
Importance relative de la variation............ (la variation totale étant représentée par 100).	— 15	+ 52	+ 63	+ 100
Variation o/o.........	— 23,83	+ 33,75	+ 30,90	+ 46,56

Des explications sont nécessaires. L'exportation de 1901 avait une valeur de 35.357.738 livres sterling (pour les marchandises autres que les métaux précieux). Celle de 1907 de 61.902.383 (mêmes marchandises) si l'on s'en tient aux valeurs réelles décla-

1. P. 623, édition de 1909.

rées et de 47.289.306, si l'on valore avec les prix de 1901. Les métaux précieux *which are not subject to price changes* (non sujets à changements de prix) (1) sont considérés à part. De 1901 à 1907, il y a eu une diminution de valeur de 3.416.570 livres sterling dans l'or et l'argent exportés. La différence entre la valeur des exportations de 1907 (avec les taux de 1901, c'est-à-dire 47.289.306) et celle de 1901, soit 11.931.568 livres sterling représente la variation quantitative des marchandises. Si l'on retranche des valeurs réelles déclarées en 1907 (61.902.383 livres sterling) 47.289.306, on aura l'influence de l'élévation des prix, c'est-à-dire 14.613.077. La somme des deux variations en plus (quantité et prix, c'est à-dire 26.544.645 livres sterling), compensée avec la diminution de la valeur des métaux précieux exportés (3.416.570) donnera la variation totale soit 23 millions 128.075 livres sterling d'augmentation. Cette augmentation étant représentée par 100, est formée par 52 o/o dus aux quantités et 63 o/o aux prix, d'où il faut déduire 15 o/o pour les métaux précieux. Enfin si l'on fait le pourcentage par rapport à 1901, on constate une diminution de 23,83 o/o dans les sorties de métaux précieux et des accroissements de 33,75 o/o dans les quantités des autres marchandises et de 30,90 o/o

1. Cette assertion de l'*Official year Book* n'est pas à l'abri de toute critique. Il est vrai qu'elle peut être vraie pour une période très courte comme celle considérée.

dans les prix des groupes de ces dernières. On arrive ainsi à une plus-value totale de 46,56 o/o.

L'idée première du bureau des statistiques australiennes est juste. Le numéraire et les métaux précieux doivent être repris à part. L'administration française l'avait bien compris en 1896, puisque dans son tableau des variations dues aux prix, le numéraire n'est pas compris. Nous n'aborderons pas la question classique des variations de valeur de la monnaie, cela nous écarterait de notre sujet. Nous ferons seulement une réserve, au point de vue purement statistique, c'est que le mouvement des métaux précieux est fort imparfaitement connu. Les auteurs qui se sont occupés de la question sont d'accord sur ce point et il existe maintes anecdotes sur ces évasions statistiques (1). Par conséquent il ne faut pas accorder une foi absolue aux chiffres de la douane en ce qui concerne les métaux précieux et la méthode du *Year book* d'Australie risque fort de ne donner que des approximations très insuffisantes. Nous répétons, d'ailleurs, que nous ne prenons pas à notre compte l'affirmation un peu hasardée de l'invariabilité de la valeur des métaux précieux (2).

---

1. Voir entre autres Y. Guyot. *Le Commerce et les Commerçants*, p. 295 et 296.

2. Au Congrès de Mons (1905) d'autres procédés ont été proposés pour comparer le commerce de périodes différentes. Nous citerons le professeur Denis qui voudrait que l'on adoptât comme terme de comparaison le prix moyen d'une

De tout ce qui précède, on peut déduire que les valeurs en douane jouent un rôle très important dans la théorie générale des prix. « Le prix d'une chose étant l'expression du rapport qui existe entre la valeur de cette chose et la valeur d'un certain poids d'or et d'argent » (1), on conçoit que les données de la douane soient précieuses à cet égard. « Les valeurs en douane, dit M. Colson (2), constituent un ensemble très complet de nombre indicateur. » Il ne nous échappe donc pas que nous pourrions étudier ici cette question doctrinale d'économie politique. Mais ce faisant, nous manquerions au programme que nous nous sommes tracé et nous aborderions un de ces sujets spéculatifs que nous écartions au début de notre travail. Nous nous bornerons par suite à signaler le fait.

La division du commerce international en commerce général et spécial a vieilli, de même que les éléments sur lesquels est basée cette distinction. Ainsi que le dit M. Julin (*op. cit.* p. 186).

Les classifications introduites dans la statistique du com-

---

période (1867-1877), prix déjà employé par Sauerbeck pour ses index-numbers. M. de Laveleye désirerait l'indication à coté des valeurs de l'année de celles obtenues avec les prix de base de l'année précédente. Le procédé exposé par M. Colson *Cours d'Economie politique* (1903, liv. IV, ch. V, p. 597) se rapproche assez de celui de M. deLaveleye.

1. Gide, *Principes d'Économie*, 1901, p. 87.

2. *Op. cit*, p. 597.

merce extérieur ne sont pas purement conventionnelles comme on pourrait le croire à première vue ; elles expriment des rapports économiques, se modèlent sur les faits et doivent évoluer à mesure que les faits se modifient eux-mêmes.

Actuellement on peut ranger les opérations du commerce international sous trois rubriques bien nettes : 1° l'importation ou l'exportation du commerce libre ; 2° l'entrepôt ; 3° la manutention et le transport sans transactions. Sous le premier chef, nous trouverons l'importation pour la consommation proprement dite, l'admission temporaire sous le régime de l'équivalent, l'exportation de produits français, qu'ils proviennent de la France même ou de matières premières extraites de l'étranger. La seconde catégorie vise plus particulièrement les échanges simplement commerciaux de marchandises étrangères qui néanmoins sont avantageux et procurent des bénéfices aux commerçants français. Quant à la troisième classe, nous y ferons rentrer le transit direct et le transbordement, l'intervention nationale se bornant en général pour ces sortes d'opérations, soit au transport, soit à la manutention.

Nous croyons que la classification que nous proposons est plus logique que celle pratiquée actuellement. En effet, pourquoi refuser aux admissions temporaires à l'équivalent une place à côté de la consommation. Il s'agit de produits étrangers qui seront transformés et acquerront un caractère bien français. Voici du blé admis temporairement ; ce blé d'origine étrangère sera moulu dans une usine française et la farine en provenant sera versée sur le marché intérieur. Qu'une quantité équivalente de farine française aille à l'étranger, peu nous importe. Le fabricant peut même se dispenser d'exporter de la farine, la douane conservera seulement à titre définitif les droits consignés. L'admission temporaire n'est qu'une forme de la consommation : en cas de non accomplissement des obligations souscrites, les droits exigibles sont calculés d'après la matière première. Il y a donc simplement des facilités de paiement pour l'entrée de cette dernière (1). D'autre part, les produits obtenus à l'aide de matériaux étrangers admis temporairement et qui sont envoyés dans les colonies sont ou bien admis en franchise (2) ou bien soumis aux droits afférents aux produits bruts

1. V. la discussion du 4 septembre 1899 à l'Institut international de Statistique (session de Christiana) et l'opinion de M. Lexis conforme à notre thèse. MM. Levasseur et Tisserand furent plus hésitants. En 1901 à Budapest, le rapport de M. Vargha abonde dans notre sens. Plus récemment au mois de septembre 1910, M. le commandeur Luciolli, directeur du bureau de la législation douanière en Italie, délégué à la Conférence internationale de Bruxelles, développait des considérations analogues.

2. Colonies exclues du tarif métropolitain, Antilles et Réunion.

importés (1). On pourra nous objecter que parfois une série de prescriptions et d'exigences minutieuses (pour les métaux, par exemple, lorsque l'on tient compte des dimensions) transforme l'admission temporaire à l'équivalent en régime à l'identique. Nous ne le nierons pas. L'admission temporaire française est du reste un régime hybride, produit d'idées et d'intérêts économiques d'époques différentes, et trop souvent la réglementation se ressent de ces conflits d'opinions et de doctrines. On ne peut donc trancher dans le vif et apporter une solution nette à une question qui ne l'est pas. Nous croyons cependant que le régime de l'admission temporaire oscillant entre le système de l'identique et celui de l'équivalent, il ne serait que juste de le rattacher, selon que la marchandise doit satisfaire à l'une ou l'autre de ces obligations, soit au commerce d'entrepôt, soit au commerce de consommation.

La séparation du transit et de l'entrepôt pour constituer avec ce dernier et le commerce spécial de consommation une classe particulière correspondant au *Gesammt eigenhandel* a été très bien justifiée par Sundbærg (*Aperçus statistiques internationaux*, 1908, p. 320) qui se réfère à un travail de

1. Colonies soumises au tarif métropolitain (autres que les Antilles et la Réunion). On prévoit, d'ailleurs, l'exemption si les matières premières ou les produits fabriqués sont admissibles en franchise.

Flodstrœm (*Von Mayer's Archiv*, t. V), il nous suffira d'ajouter qu'il est injuste de confondre l'entrepôt qui donne lieu à des transactions commerciales très importantes (1) avec le transit direct qui se borne à un simple transport. La raison d'être de nos surtaxes d'origine et d'entrepôt n'est pas ailleurs. Certes, il existe une portion du transit (transit déguisé) qui, ainsi que l'a montré M. Pallain, rentre dans les chiffres de la consommation et fausse par là nos statistiques, mais il s'agit là d'un défaut commun à tous les tableaux du commerce extérieur. Ce défaut peut au surplus être réduit par la simplification des formalités du transit ; l'administration française opère d'ailleurs toutes les fois qu'elle le peut les rectifications nécessaires (Voir au résumé analytique le tableau n° 30 donnant les importations et exportations de produits similaires). Nous ferons remarquer, en outre, que s'il y a transit déguisé, il s'accompagne presque toujours d'une transaction commerciale. Le coton déclaré pour la consommation au Havre et vendu en Suisse aura en réalité été entreposé dans les magasins du négociant français qui aura effectué le transfert de sa marchandise en Suisse et ce dernier en retirera des bénéfices.

1. La création de ports francs en France pourrait poser un problème statistique. Comment relever leurs opérations ? La question est assez complexe, car tout dépend du caractère du port franc. Le trafic peut être, soit du commerce effectif, soit du transbordement.

A ce sujet, nous nous permettrons d'élever des doutes sur l'efficacité de la proposition de M. Julin (*op. cit.*, p. 198) visant la séparation dans les statistiques d'exportation des marchandises nationales et decelles nationalisées. Il cite l'exemple des États-Unis. Nous croyons cet exemple insuffisant. Les États-Unis comprennent le commerce d'entrepôt parmi le chiffre de leurs importations, il leur est donc facile de reporter avec exactitude les exportations des entrepôts comme exportations de marchandises étrangères. Pour les autres marchandises qui, après avoir payé les droits, sont exportées, le soin avec lequel la cédule B (p. 14) (1) recommande de les distinguer des exportations nationales nous fait craindre qu'à part le cas des entrepôts, la séparation ne soit que de façade. Dans son rapport au Congrès de Mons, M. Campen, directeur de la statistique belge du commerce extérieur, arrivait à la même conclusion.

On n'entrevoit pas dans la situation actuelle... la possibilité de distinguer dans le commerce spécial d'exportation les produits nationalisés des produits nationaux.

Les reproches de M. Julin à la France et à l'Allemagne semblent donc partir d'un point de vue trop

1. Care should be taken to report on the export manifests the foreign goods duty free or which have paid duty separately from goods of domestic production.

Cédule B du 1er juin 1909.

absolu (1). Il ne faut pas oublier que dans toute statistique existe un certain flottement que doivent mettre en relief les règles d'interprétation.

Le commerce d'importation considéré au point de vue économique devrait être l'indice de la réceptivité d'une nation tandis que le commerce d'exportation marquerait la puissance de son expansion (Julin, Rapport au Congrès de Mons).

Et c'est avec une prudence extrême, en tenant compte des circonstances particulières, après avoir passé les chiffres au crible du raisonnement économique et statistique qu'il faut consulter les tableaux du commerce extérieur (2).

Plus que toute autre la question des pays de prise en charge a besoin de ces corrections que nous venons de signaler. Nous avons exposé en détail à propos de la France les différentes méthodes usitées

---

1. Il est vrai qu'on peut se demander pourquoi l'on dépouille les marchandises étrangères retournant dans leur pays d'origine, tandis que l'on néglige les marchandises françaises en retour.

2. V. dans le *Précis du cours de Statistique* de M. Julin, première partie, chapitre VII, p. 93 et deuxième partie, chapitre VIII, p. 209. « Ce n'est pas le tout d'avoir pu con-« duire ces tableaux à un point de perfection qui inspire la « confiance, il faut encore, pour les rendre utiles, s'appliquer « à les savoir ; c'est un talent médiocre et qui ne demande « que la réflexion, mais peu d'administrateurs et d'écrivains « politiques s'y sont encore attachés ; les hommes sont « paresseux. Ils aiment à croire et à citer sur le premier « aperçu. » Dupont de Nemours, cité par Amé (*op. cit.*, p. 436, t. II).

pour le classement des échanges par puissances. La pratique conforme en cela avec la théorie réclame l'inscription des pays de provenance et de destination commerciale. On peut toujours obtenir l'indication de ces pays qui est fournie le plus souvent par les lettres de voiture, connaissements et factures. D'autre part, la statistique du commerce international est essentiellement une statistique d'échanges. Aussi demandons-nous que l'on pose en principe la règle suivante.

Les marchandises sont portées au compte des pays de provenance et de destination effectifs.

Comme, en outre, il y a un certain intérêt à posséder des renseignements sur les pays d'origine et de destination définitive (consommation), que d'ailleurs dans nombre de cas la douane est en mesure de fournir ces renseignements au vu des certificats d'origine, nous proposerons de porter en renvoi, au bas des tableaux donnant les provenances et les destinations effectives, les quantités auxquelles on aura pu rapporter avec précision une contrée d'origine et une contrée de destination définitive. Prenons l'exemple des cafés. Le tableau annuel donnerait 3 millions de quintaux répartis entre les provenances : Angleterre, Indes, États-Unis, Brésil, etc. En note on aurait les pays producteurs de café : Brésil, Haïti, Indes, États-Unis, etc, avec les quantités pour lesquelles l'origine respective n'est pas douteuse, parce qu'il a été produit un certificat. Tout le stock pour lequel on ne pourrait déterminer l'origine serait groupé sous la rubrique : origines indéterminées. Les commerçants et les économistes pourraient se livrer à des calculs ou approximations quant à l'éclaircissement de cette rubrique, mais la douane aurait fourni tout ce qu'il est en son pouvoir de donner. Cette petite modification empêcherait que la statistique française ne soit comme elle l'est maintenant un amalgame confus d'origines et de provenance. Pour reprendre l'exemple du café, la Grande-Bretagne, qui, pour cause, ne produit pas de café, est inscrite à l'importation en 1907 pour 443.984 kilos, la Belgique pour 281.581 kilos, à côté des possessions anglaises de l'Amérique (605.078 kilos), des Indes néerlandaises (994.975 kil.) Il y a là un mélange de la statistique de production et de la statistique d'échange.

Faisons l'une ou l'autre, plutôt la statistique des échanges puisqu'elle a des bases solides, mais ne donnons pas l'impression d'une tour de Babel où règne la confusion des origines et des provenances.

A l'exportation même, malgré l'imperfection des matériaux mis en œuvre, il serait possible, à côté de la destination effective, de noter parfois le pays de consommation. Nous citerons les réexportations d'admissions temporaires d'ouvrages de grosse fabrication, pour lesquels il a fallu justifier de commandes lors de l'obtention du crédit, les expéditions de certains produits pour lesquels la douane française délivre des certificats permettant l'application d'un tarif de faveur (1).

Nous examinerons tout à l'heure les conséquences de la résolution de la conférence de statistique internationale tenue les 19, 20, 21, 22 et 23 septembre 1910 à Bruxelles, en vue de l'établissement d'une nomenclature internationale, mais nous pouvons affirmer dès à présent que les statistiques de sortie vont être singulièrement éclairées lorsque l'on passera à son exécution.

La centralisation du matériel statistique s'opère de diverses manières suivant les pays. Partout c'est un organe bien défini qui prépare les publications, mais sa mission varie d'après les conceptions administratives de chaque État. Il serait trop long et fastidieux d'entrer dans le détail des avantages et des inconvénients des systèmes employés, nous nous contenterons d'apprécier la pratique suivie en France pour la statitisque du commerce extérieur, nous réservant de proposer telle ou telle modification jugée nécessaire.

Il peut paraître à première vue souhaitable de confier à un bureau commun la confection de toutes les

1. Produits français expédiés en Bulgarie (Décisions 30 janvier 1906 et 24 avril 1908), en Italie (Déc. 17 février 1906), en Serbie (Déc. 28 mars 1907). Eaux de vie d'origine française allant en Australie (*Circ. des douanes*, 3.676).

statistiques. On réalise par là une économie de personnel ; il règne une unité de doctrines et de procédés. Les publications collectives, telles que les annuaires ou tableaux généraux pour un pays, sont facilitées, et l'on n'a pas comme en France l'inconvénient de lire pour le même fait deux chiffres différents, l'un dans la *Situation commerciale* émanant du ministère du Commerce, l'autre dans le *Tableau du commerce extérieur* édité par le ministère des Finances (1). Si l'on cherche d'ailleurs dans la nomenclature des bureaux des ministères, on trouvera : 1° au Commerce, la section qui prépare les *Annales du commerce extérieur ;* 2° au Travail, la statistique générale de la France avec son distingué chef M. March ; 3° aux Finances, le bureau directeur du *Bulletin de statistique et de législation comparée* et la statistique commerciale à la direction générale des douanes ; 4° aux Colonies, l'office qui publie les statistiques des possessions françaises. Notre documentation s'arrête aux bureaux qui s'occupent du commerce extérieur, mais il est probable qu'on retrouverait ailleurs des doubles ou triples emplois. Par ces temps d'économies budgétaires demandées à grands cris, la tentation est grande pour les réformateurs. Et l'on cite à l'appui l'Allemagne qui a son *Kaiserlich statistisch Amt,* les États-Unis avec leur *Census*.

1. Y. Guyot, *Le Commerce et les commerçants*, chap. VI.

Tout d'abord il importe de bien se rendre compte de la situation des pays cités en exemple. L'Allemagne et les États-Unis sont des pays fédérés où l'existence d'une centralisation des renseignements statistiques est nécessaire pour éviter des erreurs ou des défauts de coordination ou de symétrie. Tout autre est la position de la France. Y aurait-il d'ailleurs tant d'économie de personnel ? Il est permis d'en douter car on serait forcé de maintenir les bureaux provinciaux de statistique pour les diverses administrations et même le bureau central qui imprimerait l'action à ces derniers. Les suppressions pourraient affecter ce dernier par suite des publications qui ne lui seraient plus dévolues. Mais il y aurait nécessairement une transmission d'états et de relevés au bureau statistique central. Cet échange de correspondances amènerait des erreurs, des demandes d'explications, des pertes de temps et peut-être de documents. Les praticiens ne s'y sont pas trompés et leur opinion s'accorde avec celle de M. Yves Guyot pour condamner ce système. M. Yves Guyot nous a raconté qu'ayant eu la curiosité de voir de près le *Census* il avait trouvé une organisation très importante, employant un nombreux personnel, des machines à calculer et un matériel perfectionné. Mais les résultats ne semblaient pas en rapport avec les efforts, les dépenses étant considérables. L'exactitude des travaux même est relative. Le directeur du

Census avouait à M. Yves Guyot son peu de confiance dans les statistiques agricoles qu'il publiait. Pour la statistique du commerce extérieur de France nous croyons que la méthode de coordination actuellement suivie présente de sérieux avantages, tant au point de vue du contrôle que de l'exactitude. Le contrôle est à la fois local et central. Dans chaque bureau composé, et à l'heure actuelle ce sont de beaucoup les plus nombreux, le chef de service surveille le travail de ses employés.

A intervalles variables, les inspecteurs et inspecteurs principaux des douanes effectuent des vérifications par épreuves. Le bureau principal où sont envoyés les relevés mensuels compare les perceptions effectuées avec les droits accusés par l'état des importations. La moindre différence motive des demandes d'explications. Les groupages qu'opère le bureau principal pour l'expédition à la direction générale des données qui sont la base du fascicule mensuel de documents statistiques sont à leur tour contrôlés par les inspecteurs principaux. Enfin, à la direction générale un ingénieux échange de feuilles entre le bureau de la statistique commerciale et les bureaux principaux réduit au minimum les chances d'erreur. Pour la statistique des exportations, comme la confrontation des quantités et des droits perçus manque, il est recommandé d'expliquer toutes les différences un peu fortes qu'accusent par rapport à l'année précédente les chiffres de la période courante. Un humoriste a pu dire avec une pointe de malice: « La statistique commerciale c'est le résumé des erreurs des douanes. » Mais il n'en demeure pas moins que les approximations obtenues avec un personnel très réduit (le bureau central compte à peine une vingtaine d'employés) (1) sont très satisfaisantes.

Le contrôle réciproque des quantités importées et des droits perçus a amené comme conséquence dans certains pays la publication des statistiques du commerce extérieur dans le cadre de l'année budgétaire et non celui de l'année civile. Il y a là des causes d'erreur qui, nous semble-t-il, pourraient être évitées si, comme en Angleterre, on publiait les renseignements par année civile malgré la clôture de l'année fiscale au 31 mars. A la session tenue en 1895 à Berne par l'Institut international de statistique, M. le Dr Geering, dans une communication très intéressante (*Die Erhebungsperiode der Handelstatistik*) (2) a proposé de changer la pratique généralement suivie. Voici sa motion et ses développements.

1° Au lieu de l'année civile qui partage en deux l'*économie naturelle* et la période commerciale des

1. Rappelons que l'Allemagne emploie plusieurs centaines d'agents pour la seule élaboration de la *Statistique du commerce extérieur* à son office central. La Belgique, d'après M. Campen, a 35 statisticiens.

2. *Bulletin de l'Institut international de statistique*, t. IX.

articles les plus importants, la statistique commerciale doit prendre comme fondement la campagne commerciale naturelle ;

2° Pour les peuples agricoles de la zone tempérée nord entre lesquels s'opère la plus grande partie du commerce mondial l'année commerciale naturelle commence le 1er novembre.

M. Geering examine ensuite les diverses productions agricoles : céréales, coton, soie, laine, lin, chanvre, jute, sucre, eau-de-vie de vin, tabac et bétail. Il montre que la zone tempérée nord renferme la plus grande partie de la production mondiale (23 milliards 1/2 sur 28 milliards 300 millions). Pour toutes ces marchandises, on peut trouver dans l'année commençant le 1er septembre un cycle complet. A ce sujet, il reproche aux statistiques françaises de 1891 et 1892 d'avoir faussé la situation.

Il y a eu une mauvaise récolte en 1891, mais les importations de céréales qui en ont été la conséquence ont affecté à la fois les chiffres de 1891 et de 1892, les expéditions de céréales d'Amérique ne parvenant pour une bonne partie que l'année suivante. Pour le coton, la saison d'importation du coton d'Amérique et d'Égypte est coupée en deux par le 3 décembre.

Il est vrai que la production et le commerce ne marchent pas de pair, qu'en raison du transport un délai plus ou moins long (quelquefois un mois) s'écoule entre l'exportation d'un pays et l'importation dans un autre, mais M. Geering croit que son principe reste à peu près intact, parce qu'une plus ou moins longue période de faibles échanges de pays à pays précède la nouvelle moisson et les plus fortes transactions. Il y a bien à la fin de l'année civile un temps d'arrêt pour établir la situation des inventaires, mais il suffirait de prendre comme règle un autre moment. En ce qui concerne les fabrications, à part les articles d'hiver, on rentre soit dans le cadre de l'année commençant le 1er septembre, soit dans celui de l'année civile. Toutefois, M. Geering fait les remarques suivantes :

1° Pour quelques fabrications (industries des textiles et de luxe), novembre et décembre représentent la « haute saison » pendant laquelle on fait l'assortiment. A la nouvelle année on liquide et l'année s'ouvre sur une période calme, mais les soldes vendus proviennent de l'hiver ;

2° La confection, le tissage et les articles de garniture présentent les traits suivants : les approvisionnements d'été en étoffes de laine se font en janvier et février, la confection en mars et avril, l'approvisionnement pour l'hiver a lieu en juillet et août, la confection en septembre et octobre. Par suite, l'année commerciale se termine ou au 1er janvier ou au 1er juillet. Si l'on reportait au 1er septembre la date d'ouverture de l'année statistique, on comprendrait les besoins de l'hiver dans une période et la satisfaction de ces besoins dans une autre ;

3° Parfois pour l'économie ordinaire locale les échanges sont influencés par des circonstances climatériques, par exemple le gel des fleuves du Nord qui ralentit les transactions maritimes de décembre à mars. Mais cette considération a peu d'importance pour une vue d'ensemble.

Le Dr Geering propose donc en termes imagés le « nettoyage » de la statistique commerciale, sa séparation d'avec l'administration de l'État.

Certes, la conception est intéressante, mais trop théorique. Son auteur nous a du reste confié lors de la conférence de statistique de Bruxelles que l'Institut international, tout en reconnaissant le point de vue très élevé auquel il s'était placé, ne l'avait pas prise en considération. Nous ne croyons pas que les offices nationaux puissent entrer dans cette voie, mais rien n'empêcherait les travailleurs et les économistes de publier des tableaux inspirés de ces idées. Nous avons en France un essai très curieux dans le même genre, ce sont les chiffres exposés par M. Levasseur dans son *Aperçu des résultats de la statistique comparée du commerce extérieur*, 1906. M. Levasseur a étudié le commerce extérieur de la France : 1° par périodes historiques ; 2° par périodes économiques. Il distingue dans le premier groupe la Révolution, le Premier Empire, la Restauration, le règne de Louis-Philippe, la Seconde République, le Second Empire, la Troisième République. Le second groupe, beaucoup plus intéressant pour l'histoire économique, comprend les sections suivantes : la Révolution et les guerres (1789-1799), la réorganisation administrative de la France (1799-1806), le Blocus continental (1806-1814), les tarifs protecteurs (1815-1847), la crise politique sous un tarif protectionniste (1847-1851), le développement des chemins de fer et de la navigation à vapeur avec un tarif protecteur atténué (1851-1859), le tarif libéral et conventionnel avec développement des voies de communication et l'annexion de la Savoie (1859-1869), la guerre franco-allemande (1869-1871), la France sans l'Alsace-Lorraine avec un tarif libéral et conventionnel (1871-1881), le tarif de 1881 (1881-1892), le tarif de 1892 (1892-1910). Nous pourrions dès à présent ajouter une nouvelle phase : la revision douanière de 1910. Comme le dit M. Levasseur :

> Les chiffres par périodes économiques n'indiquent qu'un résultat global, mais les lois de douanes définissent en général les périodes économiques et souvent les dominent. Le résultat du commerce extérieur n'est pas l'effet de ces lois qui n'en sont qu'une des causes.

Dans toutes ces publications il y a des comparaisons et rapprochements très suggestifs, mais les statistiques officielles périodiques ne peuvent que fournir les bases de ces travaux et sortiraient de leur rôle si elles voulaient les suppléer. Nous allons passer en revue, d'une manière très générale d'ailleurs, les modifications que nous désirerions voir apporter aux publications périodiques françaises sur la statistique du commerce extérieur.

Dans son livre *le Commerce et les commerçants* (liv. XII, chap. VI), M. Yves Guyot signale un certain nombre de défectuosités qu'il a relevées dans nos publications statistiques. La plupart de ses remarques sont justifiées, mais leur examen en détail nous entraînerait trop loin. Nous citerons par exemple : le défaut de concordance des documents mensuels et annuels (rubriques, ordre de développement), l'absence des tares fixées par la commission des valeurs, l'indication des valeurs par provenance (1). Il souhaite une refonte des résumés de marchandises et il insiste sur le manque d'harmonie des chiffres mensuels et annuels qui tantôt représentent le poids brut, tantôt le poids net. On peut répondre à cette dernière objection que ce sont les exigences d'une publication rapide qui amènent à ne donner au relevé mensuel que les poids bruts pour un grand nombre de marchandises. Par ailleurs, le système du tableau annuel français : poids brut et net pour les marchandises exportées et un certain

1. V. précédemment notre critique du système de la commission des valeurs.

nombre de marchandises importées (exemptes ou taxées à 10 francs et moins les 100 kilos sauf quelques exceptions), poids net pour les autres marchandises importées nous semble à l'abri de toute critique. Nous appuierons MM. Y. Guyot et Vargha (1) dans leur demande de l'indication des tares, lorsque les marchandises sont exemptes ou taxées au brut. La pratique française pourrait en outre être améliorée par la mention du poids moyen de l'unité en ce qui concerne les marchandises relevées autrement qu'au poids. Il existe déjà des tables de conversion pour les liquides, il faudrait que le système employé pour obtenir les chiffres des tableaux 11 à 17 du résumé analytique (poids par mode de transport, pays de provenance, etc.), fût expliqué avec quelques détails. Le désir exprimé par les statisticiens : unification des mesures en unités de poids se trouverait ainsi réalisé.

Nous voudrions surtout que le tableau annuel du commerce extérieur fût plus clair (2) plus maniable. M. Maurice Block dans son *Traité de statistique* parle du format commode des publications statistiques comme moyen de faciliter leur usage. Il faut avouer

---

1. Rapport à la session de l'Institut international de Budapest (1901).

2. L'indication du pavillon pour le transport par mer des marchandises ne serait-elle pas bien mieux à sa place dans le volume de la navigation ? Du reste le principe même de la distinction des modes de transport est discutable, car les résultats présentés sont loin d'être exacts.

qu'en France nous en sommes loin. Pourquoi ne pas donner un résumé des résultats annuels indiquant pour les diverses marchandises les données principales, quantités, valeurs, commerce spécial, entrepôts, transit et exportations. Qui empêcherait de s'inspirer du mode de présentation belge ? Sur la même feuille double on inscrit l'entrée (quantité, mode de transport, valeur, taux d'évaluation, droits perçus), la sortie (quantité, mode de transport, valeur, taux d'évaluation), le transit (*entrée*, provenance, quantité, valeur ; *sortie*, destination, quantité, valeur, *taux d'évaluation*). De cette manière on se rend compte d'un coup d'œil pour la même marchandise du trafic annuel (1). Quelques graphiques illustreraient l'aridité des chiffres. Dans tout le *Tableau du commerce extérieur*, premier volume, il n'y a pas un graphique. Les États-Unis ont par une heureuse initiative, montré du doigt les conséquences brutales de la protection en inscrivant en regard de chaque marchandise le rapport du droit à la valeur. Quelle contribution à l'histoire du libre échange et de la protection et quels précieux enseignements.

1. Il nous semble même qu'il ne serait pas excessif de demander à la statistique douanière française, à condition il est vrai de renforcer son personnel, d'éditer des publications particulières rapportant les échanges afférents à une seule industrie, à un seul groupe de produits considérés isolément. Pourquoi ne pas imiter sur ce point le Census des Etats-Unis ?

En ce qui concerne le décennal, nous nous en référons à ce que nous avons déjà dit dans l'exposé de la statistique française. Il y aurait plutôt lieu d'une part de confronter dans les publications annuelles le plus grand nombre possible des chiffres des années antérieures, de l'autre d'effectuer de temps à autre des publications analogues à celle de 1896 dont nous avons parlé (1) plus haut.

Nous n'avons pas la prétention de donner une énumération limitative des réformes à apporter aux tableaux du commerce extérieur. En pareille matière, les mieux renseignés sont les praticiens et nous sommes persuadé que leur effort ne s'arrêterait pas aux quelques modifications qui nous ont paru souhaitables. Nous serions heureux d'avoir pu ouvrir la voie, mais avant de terminer nous croyons devoir signaler une objection qu'on ne manquerait pas de faire. Les statistiques coûtent cher, ce n'est pas au moment où de toutes parts les petits fonctionnaires présentent les doléances les plus justifiées, où les retraites ouvrières vont absorber pendant de longues années les excédents budgétaires, que l'on peut de

1. Voici le titre exact : *Mouvement commercial de la France avec ses colonies et les pays étrangers pendant la période décennale*, 1887-1896. Application aux importations et aux exportations effectuées au cours de cette période des taux fixés pour l'année 1896. Tableau comparatif des quantités et des valeurs. Commerce spécial (numéraire non compris).

gaieté de cœur proposer d'engager de nouvelles dépenses. « Quand le feu est à la maison, monsieur, on ne songe pas aux écuries » répondait à Bougainville, qui demandait des secours pour le Canada, le ministre de Louis XV (1758). Il est certain que malgré sa très grande utilité la statistique commerciale risque, devant les nécessités de l'heure présente, de ne pas être jugée assez intéressante pour obtenir des crédits en vue de son amélioration. Nous-même n'insisterions pas davantage si nous ne rencontrions dans le texte formel de la loi et l'examen des recettes et des dépenses budgétaires une justification indéniable de notre proposition.

La loi du 22 janvier 1872 (art. 3), modifiée par celle du 8 avril 1910 (art. 28) dans le sens des bases de la perception, a institué un droit dit de statistique dont le produit est destiné à subvenir aux frais de la statistique commerciale (1). Nous ne voudrions pas enfreindre la règle financière de la non affecta-

---

1. M. Pallain (t. I, p. 255) considère que le droit de statistique est « une taxe fiscale née des exigences budgétaires provoquées par les événements de 1870-1871 ». La loi du 24 nivôse an V établissant des « droits de balance » avait en vue l'exactitude des tableaux d'importation et d'exportation et les frais nécessaires à leur confection. Quoique tous ces motifs aient concouru à l'établissement du droit de statistique et que le caractère de fiscalité l'emporte, il semble difficile en présence du texte formel de l'article 3 de la loi de 1872 de se refuser à consacrer des crédits plus élevés à la statistique commerciale.

tion des recettes publiques mais il nous sera bien permis de mettre en parallèle les dépenses occasionnées par la statistique et les recettes encaissées en vertu des lois de 1872 et de 1910.

Pour le dernier exercice connu (1909), la statistique commerciale a exigé une dépense approximative de 630.000 francs (1). Le droit de statistique a produit en :

1905	7.995.000
1906	8.800.000
1907	9.497.000

1. Nous disons approximative parce que les dépenses afférentes au personnel employé ne peuvent être établies avec précision. En nous basant sur des renseignements puisés à bonne source nous avons compté comme suit :

Personnel. — Services extérieurs de province :

150 employés à 2.500 fr. de traitement		375.000 »	538.400 »
Indemnités de résidence (10 et 15 o/o du traitement) :			
80 employés à 15 o/o.	30.000 »	35 000 »	
20 — 10 o/o.	5.000 »		
8 contrôleurs principaux à 4.500 fr. de traitement		36.000 »	
Indemnités de résidence (15 o/o).		5.400 »	
Direction générale des douanes :			
23 employés à 2.500 fr.		57.500 »	
2 sous-chefs de bureau à 5.500 fr.		11.000 »	
1 chef de bureau à 8.500 fr.		8.500 »	
Indemnités pour travaux extraordinaires		10.000 »	

(Les employés de la Direction générale des Douanes ne touchent pas d'indemnités de résidence.)

1908....................	9.222.000
1909....................	9.732.000
1910....................	12.883.000 (1)

L'augmentation considérable qui s'est produite en 1910 est due à la loi du 8 avril 1910 qui a porté a quotité du droit de 0 fr. 10 à 0 fr. 15 à partir du 1er mai. On peut escompter avec certitude un rendement encore plus élevé en 1911 par ce fait que la nouvelle loi sera appliquée pendant toute l'année.

Ce que nous croyons légitime, ce qui ne serait après tout que de la probité budgétaire ce serait de consacrer aux travaux statistiques une plus grande partie des 14.000.000 perçus annuellement comme taxe de statistique (2) Nous espérons avoir démontré

Report....		538.400
Matériel. — Coût des imprimés utilisés par le service.........	4.000 »	
Frais d'impression (variables chaque année en raison du nombre des épreuves et des rectifications opérées).		84.230 50
Publications mensuelles	33.073 83	
— annuelles..........	47.156 67	
		622.630 50

1. Pour les années antérieures à 1910 nous avons puisé les chiffres dans les *Annales des douanes*. Pour l'année 1910 voir *Officiel* du 11 janvier 1911.

2. Au 1er mai 1910 la taxe de statistique avait produit 3.250.000 francs. Si l'on suppose que les recettes de 1911 seront en proportion de celles effectuées en 1910 on arrive à un produit de 14.449.000 francs. Notre supposition est, d'ail-

la nécessité de réformes sérieuses et nous sommes assuré de compenser les dépenses qui en résulteraient par des augmentations de recette plus que suffisantes. Qu'il nous soit enfin permis, en quittant la statistique du commerce extérieur français, d'affirmer que notre pays est distancé dans cet ordre d'idées par beaucoup de nations voisines (1).

---

leurs, bien en deçà de la réalité car il faut tenir compte du mouvement considérable des marchandises qui a précédé le changement de la taxe de statistique et la revision douanière (loi du 29 mars 1910).

1. Beaucoup d'autres pays ont comme nous des taxes de statistique : l'Allemagne a un droit de 0 fr. 275 la tonne (pour quelques marchandises l'unité de perception est portée à 5.000 kilos); la Suisse a une « finance » de statistique de 0 fr. 01 par quintal (ou 0 fr. 02 la pièce) frappant les marchandises ne payant pas de droit de douane et destinée au « contrôle des marchandises qui franchissent la frontière » (loi du 10 octobre 1902) ; l'Italie a une taxe similaire de 0 fr. 10 par quintal avec minimum de perception de 0 fr. 10 par expédition, sur un certain nombre de marchandises (lois 25 juillet 1896 et 7 avril 1898) : l'Autriche-Hongrie a une taxe de statistique de 12 hellers (0 fr. 126) par déclaration écrite et de 4 hellers (0 fr. 042) par déclaration orale.

CHAPITRE IV

UNIFICATION ET COMPARABILITÉ INTERNATIONALE

Nous avons vu que les différents pays avaient pour leurs publications statistiques des méthodes très diverses. Nous nous sommes efforcé de mettre en lumière ces divergences et nous nous estimerons heureux si nous avons facilité la lecture des tableaux du commerce extérieur. Depuis de longues années, l'Institut international de statistique et les divers congrès qui se sont succédé ont voulu arriver au même but par l'unification des méthodes employées et le développement des éléments de comparabilité. Les discordances des statistiques et leurs causes ont été très bien mises en lumière par les différents rapporteurs (1). Nous voudrions en terminant cette étude

1. Voyez notamment les rapports Bateman et Caignon à la session de Rome (1887), Bodio à la session de Vienne (1891), Campen au Congrès de Mons (1905), Salmoiraghi, Kobatsch et Legrand au Congrès de Prague (1908). V. aussi *Journ. of the royal statistical society* (30 septembre 1904, p. 438 et janvier 1910. Discussion du rapport Webb).

examiner les solutions proposées et les tentatives faites dans cette voie.

Auparavant il nous sera permis de signaler une mesure très simple, immédiatement réalisable, et qui rendrait, nous en sommes persuadé, de très grands services pour l'utilisation des publications du commerce extérieur et leur comparabilité. Il faudrait que chaque État insérât en tête de son tableau annuel et de ses résumés mensuels une courte notice explicative indiquant la portée des chiffres fournis et donnant un aperçu de la méthode employée (quantités, valeurs, opérations commerciales relevées, règles de prise en charge au compte d'un pays). Cette notice en plusieurs langues (français, anglais, allemand) répondrait aux vœux de tous les économistes. Elle existe d'ailleurs (sauf la traduction en plusieurs langues) dans la plupart des publications ; le seul travail actuel serait la traduction (1).

L'office statistique belge a publié en 1910 un tableau comparatif du commerce spécial d'importation et d'exportation de la Belgique en mettant en regard ses chiffres et ceux des statistiques étrangères. Cette brochure est très intéressante. Nous voyons par exemple que la France a exporté en 1908 en Belgique 3.981.542 tonnes valant 749 millions et que la Belgique n'accuse que 3.548.273 tonnes valant 435 millions. Pour les exportations de Belgique en France les chiffres français sont 7.631.105 tonnes valant 409 millions et les chiffres belges 6.710.693 valant 456 millions. Ces chiffres diffèrent de ceux que nous avons cités plus haut parce que nous avons eu en vue le commerce général.

1. L'Institut international de statistique, les Congrès

La question de l'unification des statistiques fut posée pour la première fois au Congrès international de statistique de 1853 (Bruxelles), qui vota une proposition tendant à la publication d'un rapport sur les différents tableaux du commerce et leurs dissemblances. En 1869, à La Haye, on émit le vœu d'une organisation uniforme de ces tableaux avec création d'une commission internationale analogue à celles qui ont été chargées d'étudier la question monétaire ou les postes. A Saint-Pétersbourg (1871) et à Budapest (1872), il y eut de nouveaux débats. L'Institut international de statistique, dès sa première session (Rome 1887), exprima l'idée « que l'on pourrait tout en partant de nomenclatures différentes tendre au moins vers une classification commune au moyen de groupements ou de subdivisions ».

Une commission nommée ne put arriver à une entente. Aussi la question se retrouva-t-elle aux réunions postérieures sans avoir fait un pas. En 1889, au Congrès international du commerce et de l'industrie, tenu à l'occasion de l'Exposition, l'assemblée adopta, sur le rapport de M. Levasseur, les propositions suivantes :

---

d'Anvers (1894) pour la législation douanière, de Paris (1900) pour la réglementation douanière, de Mons (1905) ont du reste préconisé le système des observations préliminaires aux tableaux statistiques. Plusieurs pays présentent en deux langues ces observations : Suisse, Hongrie, Roumanie, Bulgarie, Serbie.

1° Que le gouvernement français, après s'être concerté avec les différents gouvernements, fasse rédiger dans toutes les langues des peuples civilisés un vocabulaire comparé de noms qui figurent dans les publications statistiques du commerce et dans les tarifs douaniers ;

2° Que les nations adoptent dans leurs tarifs douaniers et dans leurs statistiques officielles des classifications comparables et des vocables uniformes ;

3° Que les différents États placent une table alphabétique détaillée des matières à la fin des publications statistiques de leur commerce extérieur ;

4° Que tous les pays adhèrent à la création d'un bureau international des tarifs douaniers (1).

La session de Vienne de l'Institut international de statistique (1891) étudia un projet de classification des marchandises « d'après la main-d'œuvre employée dans les grandes branches de l'industrie des divers pays ». Il fut d'ailleurs déclaré que « la question de la comparaison internationale des importations et des exportations n'étant pas tranchée par cette étude spéciale, elle serait maintenue à l'ordre du jour des sessions ultérieures ». A Chicago (1893), on demanda qu'une liste uniforme des principaux articles d'importation ou d'exportation dans chaque pays, au nombre de 50 environ,

---

1. Seul ce vœu a été réalisé par la Convention internationale du 5 juillet 1890.

fût rédigée de facon à admettre la comparaison internationale quant à la quantité et à la valeur, et que son adoption fût recommandée.

M. Kiær devait présenter au Congrès de législation douanière d'Anvers (1894), d'abord, puis à la session de Berne (1895) une liste répondant à ce vœu. On souhaita à cette dernière session

que les gouvernements fussent invités à publier soit séparément, soit comme supplément des tableaux ordinaires des importations et exportations, un tableau à part comprenant autant que possible les articles les plus importants pour le commerce en général, d'après une liste à dresser de commun accord. Dans ces tableaux, les quantités des marchandises importées et exportées seront exprimées autant que possible en poids brut avec indication de leur valeur d'après la statistique nationale et en distinguant entre le commerce par mer et celui par les frontières de terre... Les chefs des administrations que la chose concerne sont invités à communiquer ce vœu à leurs gouvernements.

La session de Christiania (1899) renouvela ces mêmes desiderata. Le Congrès de réglementation douanière de 1900, à la suite d'un rapport très remarquable de M. Moucheront, chef de la statistique commerciale (1), et après une discussion très complète émit le vœu suivant à l'unanimité :

---

1. Actuellement directeur des douanes de l'Algérie.

Le Congrès,

Considérant la nécessité d'assurer l'exactitude des statistiques commerciales des différents pays, afin de permettre à chacun d'eux de connaître d'une manière aussi précise que possible l'espèce, le poids et la valeur des produits qu'il achète et de ceux qu'il vend sur les divers marchés du monde ;

Considérant d'autre part que dans les différents pays, la statistique douanière, intimement liée aux spécifications du tarif, correspond à des nécessités économiques spéciales à chacun d'eux, et que, à ce point de vue, l'unification des statistiques est irréalisable;

Recommande aux Gouvernements... :

1° Que les offices statistiques recherchent principalement les moyens d'établir sur des bases identiques le système de classement des marchandises par pays d'origine et par pays de destination dans le but de faire figurer les marchandises *importées* au compte du pays où ces marchandises ont été produites, fabriquées ou tout au moins achetées ;

2° Que chaque pays établisse une statistique spéciale de sa consommation où ne figureront pas les produits qui ne font que traverser le territoire en transit, marchandises *exportées* au compte du pays où ces marchandises doivent être consommées ou tout au moins où elles ont été vendues.

3° Le Congrès émet le vœu qu'une entente internationale et diplomatique établisse, en dehors de la statistique spéciale à chaque pays, une nomenclature commune où se grouperont en un nombre restreint de catégories, aux vocables uniformes, les principaux produits d'espèces similaires importés dans chaque pays pour la consommation sous la double indication du poids et de la valeur.

A la séance finale (3 août 1900) on vota par acclamations une motion demandant

que des réunions périodiques destinées à continuer l'œuvre du Congrès soient tenues successivement dans les divers pays intéressés avec le concours des délégués officiels des administrations douanières et que dès à présent une commission composée des chefs de service élabore un projet de classification des marchandises en vue de la rédaction de statistiques uniformes conformément au vœu n° 1.

Les délégués du gouvernement belge, qui avaient été implicitement chargés de préparer la nomenclature commune à soumettre à un Congrès international s'acquittèrent de leur tâche au Congrès d'expansion économique mondiale de Mons (1905). M. Campen, directeur de la statistique belge, et M. Janssen, sous-directeur au ministère des Finances belge, produisirent chacun de son côté un projet de groupement des marchandises (rapports aux sections II, Statistique internationale, et III, Politique économique et douanière). Ces deux projets avaient d'ailleurs beaucoup de points de contact. Le Congrès reproduisit à peu près le troisième vœu du Congrès de 1900 (1), et, après avoir signalé la classification de M. Campen, souhaita que le gouvernement belge prît l'initiative d'une réunion des chefs de service des statistiques commerciales des divers pays, pour arriver à la réalisation de ce vœu (2).

De leur côté, les Chambres de commerce et associations commerciales ne demeuraient pas inactives. Le Congrès tenu à Milan en 1906 (3) mit à l'étude pour la prochaine session : 1° une méthode de groupement dans des résumés généraux des marchandises exportées et importées directement ou en transit soit au point de vue de leur espèce, soit au point de vue de leur emploi ; 2° un vocabulaire douanier international. Sur la proposition de la Chambre de commerce belge de Paris, et malgré l'opposition de M. Legrand délégué de la Chambre de commerce française de Paris, le Congrès décida en outre de

provoquer par l'action des organismes commerciaux une entente internationale pour l'établissement du tarif douanier dans tous les pays d'après une classification uniforme.

---

1. Une petite différence est toutefois à signaler : la nomenclature commune était étendue à toutes les marchandises indistinctement.

2. Cette réalisation ne devait avoir lieu qu'en septembre 1910.

3. Au Congrès de Liége (1904), le comité permanent des Chambres de commerce avait été chargé de suivre toutes les questions économiques internationales.

Deux années plus tard, en 1908, à la réunion de Prague, la discussion recommença. Des rapports furent déposés par MM. Rahola, membre du *Fomento del Trabajo National;* Salmoiraghi de Milan; Allard, président de la Chambre de commerce belge de Paris; Legrand, de la Chambre de commerce française de Paris et le professeur Kobatsch, secrétaire de la Chambre de commerce de la Basse-Autriche. Le petit mémoire de M. Rahola était plutôt un ensemble de motions très diverses (1). Le rapport plus étendu de la Chambre de commerce de Milan s'inspirait beaucoup de celui de M. Bodio (session de l'Institut international de 1891), et concluait à la nomination d'une commission d'études. L'attention fut attirée par les travaux de MM. Allard (2), Legrand

---

1. Les trois premières visaient la nomenclature internationale (poids net seulement, mode de classification en matières premières, substances alimentaires et produits fabriqués). La quatrième à signaler confiait la publication des statistiques internationales au bureau international des tarifs de Bruxelles. La cinquième avait trait au relevé du transit et de l'admission temporaire. La sixième appelait l'attention sur les naufrages. La septième très intéressante demandait un index des valeurs moyennes d'après les cours des marchés ou ports principaux. La huitième et dernière préconisait des démarches diplomatiques pour la mise en vigueur de tout ce programme contenu dans deux pages et demie !

2. *La statistique douanière internationale. Projet... pour l'établissement d'une statistique douanière internationale.*

et Kobatsch qui tendaient d'ailleurs plus ou moins au même but.

Tandis que M. Allard préconisait une classification uniforme comme base de toutes les statistiques, M. Legrand, plus modeste et plus pratique, après avoir déclaré « chimérique » d'espérer faire adopter cette motion, demandait simplement que les gouvernements fussent invités à provoquer une réunion du comité permanent des Congrès des Chambres de commerce et des chefs des administrations douanières à l'effet « d'établir les bases et d'arrêter les grandes lignes d'une classification uniforme ». M. Kobatsch (1) arrivait aux mêmes conclusions et prévoyait des conférences périodiques des chefs des statistiques.

La discussion du Congrès de Prague porta sur divers points que l'on peut ainsi résumer : Difficultés dans la détermination du critérium d'après lequel

---

1. M. Kobatsch demande : 1° des réunions périodiques pour découvrir les raisons des différences de part et d'autre des statistiques commerciales et pour arriver à éliminer le plus possible ces différences dans les statistiques présentes et à venir ; 2° la convocation d'une conférence internationale comprenant des gens compétents en manière de productions agricoles et industrielles et des statisticiens et hommes politiques. Cette commission aurait à élaborer un schéma de tarif douanier uniforme avec une classification et des dénominations de marchandises également uniformes. Ce schéma formerait naturellement la base de l'unification des statistiques commerciales établies.

on fixera la valeur. Divergences au point de vue de la nomenclature des produits. Modes de calcul différents pour les espèces de marchandises. Établissement défectueux des statistiques d'exportation (les déclarations sont souvent mal faites et par suite la douane ne peut leur accorder une confiance absolue). Formalités douanières à supprimer. Finalement la résolution mise en avant fut celle-ci :

Laissons à chaque État toute liberté pour construire ses statistiques de la façon qu'il jugera la meilleure ; évitons de froisser certaines susceptibilités, recourons à la seule initiative privée. Que des délégués des Chambres de commerce, des associations industrielles ou commerciales aidés au besoin par des professeurs, des économistes, des spécialistes se réunissent et s'entendent. Et qu'ils essayent, en se plaçant sur un terrain purement scientifique, de construire des statistiques douanières qui permettront de se rendre un compte exact du mouvement du commerce extérieur pour chaque pays (1).

Le projet était gros de conséquences. Ce travail énorme, nouveau et compliqué, pouvait-il être accompli sans le concours des gouvernements ? Sur la proposition des représentants français, MM. Chap-

---

1. Nous donnons ce compte rendu d'après l'article de M. G. Blondel, *Bulletin de la fédération des industriels et commerçants français*, novembre 1908. Congrès de Prague, *La Question des statistiques douanières*.

tal et Legrand, appuyés par M. Allard, on vota à l'unanimité la motion suivante :

Le Congrès, ratifiant les vœux émis par les précédents Congrès sur la nécessité de l'établissement d'une statistique douanière dans tous les pays d'après une classification uniforme des produits, invite les membres du Congrès à insister sans retard auprès de leurs gouvernements respectifs pour qu'ils adhèrent à l'invitation du gouvernement belge en vue de réunir les chefs de service de la statistique douanière des divers pays pour arriver à la réalisation de ces vœux pour la rédaction comme supplément de leur statistique ordinaire d'un tableau où seront groupés suivant des catégories qui seront identiques pour tous les pays les marchandises exportées et importées.

Le Congrès adopta en outre le vœu de M. Kobatsch tendant à ce que les fonctionnaires des statistiques commerciales eussent des conférences périodiques où ils chercheraient les causes des différences de leurs statistiques mutuelles de manière à les éviter pour l'avenir.

Dès 1909 la direction générale des douanes et accises de Belgique (service de la statistique commerciale) faisait éditer une brochure préparatoire à la conférence qui devait se tenir à l'occasion de l'Exposition internationale de Bruxelles de 1910. Le programme était ainsi tracé :

Établir en dehors de la statistique commerciale spéciale

à chaque pays une nomenclature commune où se grouperont en un nombre restreint de catégories aux vocables uniformes les marchandises importées et exportées (commerce spécial) sous la double indication du poids et de la valeur.

La signification de la réforme poursuivie était précisée dans l'avant-propos de la brochure préparatoire :

Les classifications adoptées dans les tableaux du commerce extérieur des différents pays répondent généralement à celles des tarifs de douanes. Or, ceux-ci différant considérablement d'un pays à l'autre il s'ensuit que les rubriques, parfois même lorsqu'elles sont identiques, ne comprennent pas les mêmes marchandises.

Si l'on considère qu'à côté de cette cause de discordance d'autres tout aussi sérieuses existent encore, il serait exagéré de croire que l'on résoudrait en entier par l'adoption d'une classification uniforme le problème de la comparabilité des diverses statistiques commerciales. Ce point resterait subordonné à d'autres mesures propres à faire disparaître les causes de discordance reconnues. Mais il est incontestable que la création d'un gabarit commun réaliserait un réel progrès dans la voie indiquée en permettant aux différents pays de publier en dehors de leur statistique ordinaire des tableaux qui se prêteraient mieux aux rapprochements.

A la brochure préparatoire étaient annexés un projet de nomenclature comprenant 203 rubriques, la liste de 50 articles dressée par M. Kiœr pour le Congrès d'Anvers (1894), les discussions du Congrès de réglementation douanière de 1900 relatives à la statistique et enfin une revue des classifications des marchandises dans les tableaux du commerce extérieur des principaux pays. Entre temps, la direction de la statistique belge fit éditer pour l'édification de la conférence un tableau comparatif du commerce spécial d'importation et d'exportation de la Belgique avec les principaux pays, établi d'une part d'après la statistique commerciale belge et d'autre part d'après les constatations correspondantes de la statistique de chacun de ces pays étrangers (les monnaies d'or et d'argent étaient exclues) (1). Le projet belge, qui reproduisait d'ailleurs à peu près textuellement la nomenclature de la statistique belge (il est vrai que cette dernière ne date que de 1908) s'inspirait du rapport de M. Janssen au Congrès de Mons. Nous citerons ses idées directrices.

---

1. La conclusion à tirer de ce tableau est frappante : si des écarts assez notables se manifestent tantôt en plus, tantôt en moins pour les pays pris isolément, les résultats se rapprochent très sensiblement lorsqu'on les envisage pour l'ensemble de ces pays. « Il semble, ajoute l'avertissement en tête de ce tableau, que l'on pourrait en déduire qu'une des causes essentielles qui provoquent les discordances réside dans l'impossibilité où l'on se trouve actuellement de déterminer avec une exactitude suffisante les provenances et les destinations réelles des marchandises échangées entre la Belgique et les pays étrangers. »

Tout en tête nous plaçons la vie. La plupart des tarifs réservent une rubrique spéciale aux animaux vivants, dès lors il suffirait de mettre cette rubrique en évidence pour obtenir sur ce point une concordance presque complète.

Au rang des premières nécessités de la vie se trouve l'alimentation, c'est pourquoi nous présentons successivement les boissons et les produits de consommation.

L'homme a de multiples besoins; pour les satisfaire il va fabriquer, c'est-à-dire transformer. Les produits qu'il utilisera sont nombreux; nous les relevons sous le titre de matières premières tandis que les fabricats se classeront sous l'en-tête produits fabriqués.

La orochure préparatoire entrait ensuite dans des considérations techniques et économiques pour justifier les subdivisions proposées et terminait ainsi :

Nous n'avons pas la prétention de présenter un travail parfait. Aussi nous rallierons-nous volontiers aux modifications jugées nécessaires pour arriver à l'entente. Mais tel quel le groupement proposé peut, pensons-nous, servir de base à la discussion.

Les délégués suisses opposèrent au projet belge un contre-projet comprenant un nombre beaucoup plus restreint d'articles (108). Les quatre grandes divisions (Animaux vivants. Objets d'alimentation y compris les boissons. Matières brutes ou simplement préparées. Produits fabriqués) étaient maintenues. Voici comment M. Geering, l'un des auteurs du projet suisse, précise l'esprit dans lequel il est rédigé :

Aux yeux de tous l'importance quantitative des marchandises dans le commerce mondial doit apparaître comme un élément tout à fait primordial. Parmi les articles qui font l'objet d'un trafic universel se placent en premier lieu le froment, le coton et les cotonnades, lesquels entrent pour 12 à 15 o/o dans la valeur totale du commerce mondial. En classant ainsi les produits par rang d'importance on voit que les 12 premiers prennent 36,5 o/o du total, les 22 premiers 52 o/o, les 34 premiers 62 o/o. Pour 50 articles on atteint déjà 70 o/o. Mais alors la progression ralentit beaucoup ; même après l'addition de 20 nouveaux articles, l'augmentation est demeurée faible, ne dépassant pas la proportion de 5 o/o. On peut déduire de là que tout l'intérêt du trafic mondial se concentre sur quelques douzaines de marchandises qui devraient figurer en premier lieu dans la liste commune. D'autre part, pour rendre possible la comparabilité des statistiques, il faut que les articles considérés se retrouvent dans les tableaux de tous les pays. Du moment où l'on veut aller plus loin, de grandes complications surgissent aussitôt. C'est pourquoi l'entente ne sera possible qu'à la condition de se restreindre dans des limites étroites.

Les idées de M. Geering, nous avons déjà eu l'occasion de le remarquer, sont beaucoup trop théoriques. Il règne du reste dans sa pensée une certaine confusion entre l'importance quantitative et la valeur du commerce mondial. Et on ne manqua pas à la conférence de Bruxelles de lui opposer l'exemple du sel, produit de faible valeur, mais néanmoins donnant lieu à un trafic considérable. Or le sel ne figurait pas dans la liste suisse. Le dernier paragraphe de la proposition suisse corrigeait d'ailleurs ce qu'avait de trop exagéré la rigueur de la classification.

Chaque pays pourra spécifier à son choix certains articles d'une importance capitale dans son commerce extérieur. Ainsi, la Belgique pourrait fractionner la rubrique « Verreries » en plusieurs subdivisions, la France ferait figurer les fleurs artificielles séparément de la rubrique « Produits fabriqués autres... ». Il serait toutefois bien entendu que l'adjonction de ces groupes facultatifs d'un nombre très restreint ne devrait en aucune façon nuire à la clarté et à la bonne disposition du tableau.

La conférence s'ouvrit à Bruxelles le 19 septembre 1910. Étaient représentés : l'Allemagne, l'Autriche-Hongrie, la Belgique, la Chine, le Danemark, l'Égypte, l'Espagne, la France, la Grande-Bretagne et ses deux possessions : Commonwealth d'Australie et Indes, le Guatémala, l'Italie, le Japon, la Norwège, les Pays-Bas, la Perse, le Portugal, la Roumanie, la Russie, la Suède, la Suisse, le Venezuela (1).

1. L'envoyé extraordinaire du Mexique assista à la dernière séance de la conférence. A cette même séance le président lut une adresse de sympathie du gouvernement serbe

Les délégués, après avoir tous donné leur adhésion de principe à la conférence, exposèrent leurs idées particulières. La conférence décida de créer une cinquième rubrique générale : Métaux précieux et monnaies d'or et d'argent. A la seconde séance, le 20 septembre, un échange d'observations très intéressant eut lieu entre le délégué français, M. Bolley, chef de la statistique commerciale et M. Kebers, directeur général des douanes belges, au sujet de la question de la provenance et de l'origine. Le délégué de la Roumanie appela aussi l'attention de la conférence sur la nécessité de préciser ce qu'il fallait entendre par poids net (réel ou légal). M. Földvari, délégué de la Hongrie, demanda une réglementation uniforme pour le classement des admissions temporaires.

Il résultait du rapprochement des opinions émises l'impression qu'aucun pays, sauf les promoteurs, n'était disposé à adopter en bloc la proposition suisse ou la proposition belge. Il y avait à cela une double raison pratique. Tout d'abord comme il fallait adapter la nomenclature de chaque pays on sentait de la part des délégués une tendance au moindre effort.

---

qui déclarait adhérer aux résolutions prises et offrait sa part contributive à des dépenses éventuelles. Le Pérou avait annoncé l'envoi d'un délégué qui ne parut pas. Une seule puissance importante manquait : les États-Unis d'Amérique. Il est regrettable que le gouvernement de ce dernier pays n'ait pas cru devoir désigner un représentant, mais il faut espérer que par la suite son adhésion sera effective.

Chacun voulait conserver le plus possible de sa classification tarifaire. D'un autre côté, la statistique d'exportation étant en général insuffisante, on espérait trouver dans les rubriques qui allaient être créées le moyen de corriger les erreurs ou lacunes de cette statistique. Il était enfin à craindre qu'à discuter en séance plénière le projet de nomenclature on ne s'exposât, outre la confusion, à assister à des échanges et concessions qui auraient produit une classification hétéroclite, une mosaïque de tarifs plutôt que le développement d'idées rationnelles poursuivies avec suite.

Pour toutes ces raisons le président, M. Capelle, ministre plénipotentiaire, proposa fort sagement la nomination d'une commission qui élaborerait un projet et le soumettrait à une prochaine séance plénière. Furent désignés : MM. Kebers (Belgique), Van der Borght (Allemagne), Schuller (Autriche), Földvari (Hongrie), Bolley (France), Reade (Grande-Bretagne), Luciolli (Italie), Kiær (Norvège), Laman de Vries (Pays-Bas), Werkhovsky (Russie) et Geering (Suisse). La commission tint quatre séances les 20, 21 et 22 septembre. M. Bolley fit remarquer « le danger de limiter trop les catégories, ce qui, en réduisant les éléments de comparaison, enlèverait aux tableaux communs beaucoup de leur intérêt ».

Les discussions, trop techniques pour que nous entrions dans leur détail, aboutirent au projet que nous donnons en annexe (1). Ce projet fut présenté en séance plénière du 23 septembre et approuvé dans son ensemble. M. Kiær, délégué de la Norvège, un vétéran des congrès de statistique, se leva au début de la réunion et donna lecture d'une motion capitale dont nous reproduisons ci-après les considérants. Cette motion était signée par les délégués de l'Allemagne, du Danemark et de la Norvège (2).

L'idée dominante de la motion est fondée sur l'expérience qui a été faite à maintes occasions au sujet du peu d'efficacité des résolutions et vœux formulés en matière de statistique par des conférences ou congrès internationaux... C'est précisément afin d'assurer le plus promptement possible un résultat positif à nos travaux et en même temps afin que la nomenclature commune puisse être adoptée également par les pays qui ne sont pas représentés ici que nous proposons une mesure par laquelle les vœux de notre conférence pourront être mis directement en pratique. Nous espérons que cela pourra se réaliser grâce à l'institution d'un bureau

---

1. La séance plénière du 23 septembre n'a retouché que quelques points de détail, dont nous avons d'ailleurs tenu compte dans l'annexe reproduite plus loin.

2. Sans vouloir rabaisser la motion Kiær il nous sera permis de dire qu'elle était contenue dans le *Cours d'Economie politique* publié en 1893 par M. Cauwès. « Peut-on espérer écrit M. Cauwès, que l'Union internationale qui a été formée en 1891 pour la publication des tarifs douaniers s'étendra un jour à la publication de statistiques établies sur des bases uniformes » (p. 570, note).

international de statistique commerciale dont le but serait d'appliquer dans une publication mensuelle le système de classification recommandé par la conférence.

Ce bureau étant établi s'adresserait aux différents offices de statistique commerciale afin d'obtenir des données conformes autant que possible à la classification internationale. De cette manière, par la pratique même, l'application de la classification internationale se perfectionnerait et se généraliserait de plus en plus puisque les bureaux des différents pays s'efforceraient sans doute d'aider le bureau international dans sa tâche d'utilité générale...

La publication d'un recueil mensuel embrassant autant que possible et pour tous les pays du globe les importations et les exportations des différentes marchandises, groupées d'après un système uniforme, constituerait un résultat pratique qui serait certainement accueilli avec une vive satisfaction et par les gouvernements et par le monde des affaires en général.

Si la Haute-Assemblée partage cette manière de voir, il restera à déterminer les conditions suivant lesquelles fonctionnera le bureau international dont la création est proposée.

Il faudra en premier lieu désigner le siège de ce bureau et nous avons pensé que la ville de Bruxelles s'y prêterait d'une manière excellente ; mais le choix définitif de ce siège devra être réservé à une conférence diplomatique dont nous espérons que le Haut-Gouvernement de la Belgique voudra bien provoquer la réunion...

Il s'agit aussi de savoir comment il sera pourvu aux dépenses inhérentes au fonctionnement de cet office. Vous savez, messieurs, qu'il existe déjà un grand nombre d'institutions internationales analogues dont les frais sont supportés par les différents États contractant, chacun d'eux contribuant pour une part déterminée, suivant le nombre d'unités pour lequel il s'est inscrit.

Étant donné le grand nombre d'institutions de ce genre qui ont été fondées déjà et qui fonctionnent régulièrement, il ne serait pas difficile pour une conférence internationale ultérieure de résoudre d'une manière satisfaisante les questions d'organisation.

En conséquence MM. Kiær, Van der Borght et Kœfœd faisaient la proposition suivante :

1° La conférence trouve utile qu'il soit créé un bureau international pour la statistique commerciale dont le but serait d'élaborer un aperçu mensuel du mouvement commercial des différents pays du globe, rédigé autant que possible d'après un groupement uniforme des marchandises.

A cette publication mensuelle se joindrait un volume annuel présentant des tableaux plus détaillés ;

2° Dans l'espoir qu'un tel bureau pourra être établi soit en Belgique, soit dans un autre pays, la conférence émet le vœu que le Haut-Gouvernement de la Belgique veuille inviter les autres gouvernement à contracter une convention assurant la mise en œuvre des travaux projetés.

Cette proposition recueillit les sympathies générales mais elle fut réservée (1) pour une discussion ultérieure, soit lors des échanges de correspondances diplomatiques, soit au cours d'une prochaine conférence, en tout cas lorsque les gouvernements auront fait connaître leurs sentiments. La conduite tenue par les chefs des offices statistiques a été sage et prudente mais nous refusons à y voir un écartement systématique.

Car la motion Kiær ouvre les horizons les plus vastes et sa mise à exécution inaugurera une ère nouvelle pour la statistique du commerce extérieur. Cet organe international une fois créé se développera et s'occupera de tout ce qui touche à cette dernière. Des vocables uniformes on passera sans

1. La question ne figurait pas au programme et beaucoup de délégués n'avaient pas d'instructions à ce sujet. M. Van der Borght lui-même, un des signataires, fit remarquer qu'il appuyait à titre purement personnel la proposition de M. Kiær.

Les délégués se contentèrent donc de voter la motion que nous donnons en annexe, proposant l'adoption d'une nomenclature élaborée en commun. Quant à la procédure de réalisation elle a été précisée en ces termes par M. Capelle à la séance du 23 septembre 1910 : « Le gouvernement belge transmettra aux pays adhérents les propositions sur lesquelles les délégations se sont mises d'accord et leur demandera s'ils sont disposés à s'y rallier. Dès que les réponses seront parvenues des pourparlers pourraient s'engager par la voie diplomatique à l'effet de signer un arrangement. Si des divergences importantes se manifestaient, une nouvelle réunion de la conférence serait convoquée pour arrêter de commun accord les mesures définitives. »

difficulté et logiquement à la question de l'utilisation des mêmes poids et mesures pour relever les résultats du trafic mondial. On s'entendra définitivement au sujet des provenances et destinations et on abordera le problème délicat du classement des opérations en commerce général et spécial. Peut-être arrivera-t-on à envisager une valoration rationnelle et méthodique. S'il n'est pas à craindre que l'institution soit stérile étant donnée l'étendue de son champ d'action, il y aura plutôt lieu d'éviter la dispersion et l'impuissance des efforts si l'on veut traiter à la fois toutes les questions. On retomberait alors dans le chaos d'où l'on commençait à sortir. Que l'office international imite la procédure remarquable qui a abouti à sa naissance, en s'attachant à sérier les problèmes posés.

Nous sera-t-il permis à notre tour, arrivé au terme de notre étude, de formuler un vœu ? La statistique du commerce extérieur qui s'est développée surtout au XIXe siècle sera sans doute appelée à s'améliorer au cours du XXe. Il nous semble que notre pays qui a largement contribué à l'accroissement des connaissances humaines s'honorerait en essayant d'obtenir le siège de l'office international de statistique douanière.

ANNEXE

(Texte de la résolution votée à l'unanimité à la séance du 23 septembre 1910.)

Les délégués à la Conférence internationale de statistique commerciale convoqués à Bruxelles le 19 septembre 1910, ayant reconnu l'utilité d'établir en dehors de la statistique commerciale spéciale à chaque pays une nomenclature commune où se grouperont en un nombre restreint de catégories aux vocables uniformes les marchandises importées et exportées (commerce spécial) sous la double indication du poids et de la valeur, proposent à leurs gouvernements respectifs l'adoption de cinq catégories générales ainsi dénommées.

I. — Animaux vivants.

II. — Objets d'alimentation et boissons.

III. — Matières brutes ou simplement préparées.

IV. — Produits fabriqués.

V. — Or et argent non ouvrés et monnaie d'or et d'argent.

Les marchandises seraient réparties entre ces cinq catégories suivant le projet de groupement ci-après.

Animaux vivants

1. Espèce chevaline.
2. — bovine.
3. — ovine.
4. — caprine.
5. — porcine.
6. Volaille.
7. Tous autres animaux vivants (non compris les poissons ni les crustacés vivants).

Objets d'alimentation et boissons

8. Viandes fraîches (1).
9. Volaille morte et gibier mort.
10. Viandes préparées ou conservées (y compris le lard, la volaille et le gibier conservés).
11. Graisses comestibles.
12. Margarine et beurres artificiels.
13. Lait (2).
14. Beurre.
15. Fromages.
16. Caviar.
17. Poissons crustacés et coquillages.
18. Œufs de volaille et de gibier.
19. Miel.

Céréales.

20. Froment.
21. Seigle.
22. Orge.
23. Avoine.
24. Maïs.
25. Autres céréales (y compris l'épeautre et le méteil).
26. Riz.
27. Farines de céréales.
28. Autres produits de la meunerie.
29. Malt.
30. Pâtes alimentaires.
31. Légumes frais.

— secs.

32. — à cosse (3).
33. — autres.
34. Pommes de terre.
35. Fruits (y compris les fruits secs).
36. Café (y compris le café torréfié).

---

1. Y compris les viandes congelées.
2. Y compris le lait condensé et le lait en poudre.
3. Pois, fèves, lentilles, etc., décortiqués et égrugés.

37. Cacao brut.
38. Cacao préparé (y compris le chocolat.)
39. Thés.
40. Sucres bruts et raffinés.
41. Épices (4).
42. Huiles végétales (5).
43. Sel.
44. Autres objets d'alimentation (comprenant notamment les conserves de produits végétaux).
45. Vins.
46. Bière.
47. Boissons spiritueuses (esprit de vin, eaux-de-vie, liqueurs, etc.).
48. Eaux de source et eaux minérales naturelles ou artificielles, gazeuses ou non.
49. Autres boissons (jus de citron et d'oranges, limonades, etc.).

Matières brutes ou simplement préparées

50. Peaux brutes salées tannées en croûte et pelleteries brutes.
51. Ivoire.
52. Os et cornillons.
53. Engrais (y compris les engrais chimiques.)
54. Poils et plumes.
55. Plantes vivantes et fleurs naturelles.
56. Récoltes et fourrages (y compris les betteraves fourragères.)
57. Son.
58. Tourteaux.
59. Houblon.
60. Betteraves à sucre.
61. Graines.
62. Caoutchouc.
63. Résines, gommes et cire végétale.
64. Tabacs.
65. Bois de toute espèce même sciés.
66. Charbon de bois.
67. Bois de teinture, écorces à tan et autres matières colorantes et tannantes (y compris les extraits.)
68. Pâtes de bois.

Minerais.

69. — de cuivre.
70. — de fer.
71. — de plomb (même argentifère).
72. — de zinc.
73. — de manganèse.

4. Comprenant notamment le poivre, le piment, le safran, la vanille et la cannelle.

5. Huiles alimentaires ou non à l'exception des huiles essentielles.

74. Autres.

Métaux communs.

75. Aluminium.
76. Cuivre.
77. Étain.
78. Fer et acier.
79. Nickel.
80. Plomb.
81. Zinc.
82. Autres.
83. Pierres précieuses et demi-précieuses brutes ou simplement taillées mais non montées (y compris le corail et les perles fines).
84. Marbres et albâtre.
85. Autres pierres.
86. Huiles minérales et leurs dérivés.
87. Charbons minéraux, même carbonisés ou agglomérés.
88. Chaux.
89. Ciment.
90. Soufre.

Textiles.

91. Laine.
92. Soie.
93. Coton.
94. Jute.
95. Chanvre et lin.
96. Ramie et autres fibres textiles.
97. Autres matières.

Produits fabriqués

98. Amidon.
99. Savons.
100. Bougies, cierges et chandelles.
101. Parfumeries et cosmétiques.
102. Couleurs, teintures et vernis.
103. Produits chimiques (y compris les alcools ne servant pas comme boissons).
104. Médicaments composés.
105. Cigares et cigarettes.
106. Autres tabacs (y compris les extraits de tabac.)
107. Pelleteries préparées et ouvrées.
108. Cuirs et peaux préparées.
109. Chaussures de peau.
110. Gants de peau.
111. Autres ouvrages en peau.

Fils.

112. — de laine.
113. — de soie naturelle ou artificielle.
114. Fils de coton.
115. — de jute,
116. — de chanvre, de lin, de ramie et d'autres fibres textiles.

117. Cordages.

Tissus.

118. — de laine.

119. — de soie naturelle ou artificielle.

120. Tissus de coton.

121. — de jute.

122. — de chanvre, de lin, de ramie et d'autres fibres textiles.

123. Broderies, dentelles, passementeries et tulles brodés.

124. Bonneterie.

125. Chapeaux ornés pour dames (modes).

126. Chapeaux de toute espèce.

127. Lingerie.

128. Vêtements pour femmes.

129. Vêtements pour hommes.

130. Autres objets confectionnés.

131. Ouvrages en caoutchouc de toute espèce (1).

132. Meubles en bois (2).

133. Autres ouvrages en bois.

Papiers.

134. — de tenture.

135. — autres et carton (3).

136. Ouvrages en papier et en carton.

137. Livres et musique gravée ou imprimée.

138. Autres produits des arts graphiques.

139. Ouvrages en marbre, en plâtre, en ciment et en pierre.

140. Tuiles, briques, carreaux, tuyaux autres qu'en faïence ou en porcelaine.

141. Faïences et porcelaines.

142. Autres poteries.

1 3. Glaces.

144. Verres de vitrage.

145. Gobeleterie (verre creux).

146. Autres verreries.

147. Fer et acier simplement battus, étirés ou laminés.

148. Autres ouvrages en fer et en acier.

---

1. Sont compris parmi les ouvrages en caoutchouc les chaussures, les tissus et les vêtements en caoutchouc ainsi que les bandages de roue de toute espèce.

2. Les meubles autres qu'en bois sont classés avec les ouvrages de la matière.

3. Les cahiers lignés sont considérés comme ouvrages en papier.

IV. — *Produits fabriqués* (*suite*)

Ouvrages,

149. — en aluminium.
150. — en cuivre.
151. — en étain.
152. — en nickel.
153. — en plomb.
154. — en zinc.
155. Bijouterie, orfèverie et articles similaires en métaux précieux.
156. Bijouterie autre même dorée, argentée, nickelée, etc.
157. Locomotives et tenders de locomotives.
158. Locomobiles.
159. Machines et appareils électriques.
160. Machines motrices (autres que locomotives, locomobiles, machines électriques) chaudières à vapeur, turbines, pompes, etc.
161. Machines-outils.
162. Machines à tisser, à apprêter, à blanchir, à imprimer, à teindre les étoffes, les rubans, etc., machines à carder, à peigner, à sérancer, à filer, métiers à broder et autres machines pour l'industrie textile.
163. Machines à coudre, à broder ou à tricoter à la main ou à pédales.
164. Machines pour fabriques et raffineries de sucre pour distilleries, vinaigreries, brasseries et malteries.
165. Machines agricoles.
166. Autres machines et mécaniques et pièces détachées.
167. Outils (1).
168. Voitures et wagons pour chemins de fer et tramways (2).
169 Voitures automobiles.
170. Motocycles et autres véhicules de l'espèce.
171. Vélocipèdes.
172. Tous autres véhicules (3).
173. Navires et bateaux.
174. Instruments de musique.
175. Instruments et appareils scientifiques.

---

1. Cette rubrique ne comprend que les outils employés à l'exercice de professions manuelles, à l'exclusion des machines-outils.
2. Y compris les fourgons et wagonnets de toute sorte.
3. Y compris les aéronefs.

176. Horlogerie et fournitures d'horlogerie (4).

177. Armes et munitions.

178. Poudres à tirer et autres produits explosibles.

179. Allumettes.

180. Tous autres produits fabriqués.

4. Les montres et fournitures pour montres rentrent dans cette catégorie

181. Objets d'art et de collection.

V. — *Or et argent non ouvrés et monnaies d'or et d'argent.*

182. Or non ouvré (5).

183. Argent non ouvré (5).

184. Monnaies d'or.

185. Monnaies d'argent.

5. Y compris les lingots, la poudre, les barres, les débris.

Il a été entendu au cours des discussions qu'il serait rédigé pour l'usage de cette nomenclature et la réalisation du vœu de la conférence des notes explicatives qui préciseront le mode d'exécution : marchandises rentrant dans les catégories sus-indiquées, indications du poids et de la valeur, pays de prise en charge, définition du commerce spécial. Chaque pays sera consulté et enverra un rapport sur tous ces points (déclaration de M. Kebers à la fin de la séance du 23 septembre 1910).

BILIOGRAPHIE

Allard. — La statistique douanière internationale. Paris, 1908.

Amé. — Étude sur les tarifs de douane. Paris, 1876.

Arnould. — Balance du commerce, 2 vol. et 1 atlas. Paris, 1795.

Association russo-allemande. Das russische Zollreglement. Berlin, 1909.

Beaujon. — Statistique officielle des Pays-Bas. Nancy, 1886.

Bloch. — Traité de statistique. Paris, 1886.

Bowley. — Elements of statistics. Londres, 1902.

British and Foreign trade and industrial conditions. Londres, 1904.

Cauwès. — Cours d'Économie politique. Paris, 1893.

— Cours professé à la Faculté de Droit de Paris, 1906-1907.

Circulaire du 15 février 1909 pour l'établissement de la statistique des colonies françaises.

Colson. — Cours d'Économie politique professé à l'École nationale des Ponts et Chaussées. Paris, 1903.

Dalloz. — Code annoté. Douanes. Paris, 1901.

Departement of Commerce and labour Bureau of statistics. Washington. Classification of commodities (schedule A et B), 1909, Merchandises (schedule E), 1909, Foreign countries and dependances (schedule C), 1908.

Dictionnaire du Commerce. Guillaumin (1859), Y. Guillot et Raffalovith (1901).

Dictionnaire d'Économie politique. Coquelin et Guillaumin. Paris, 1864.

Nouveau Dictionnaire d'Économie politique. L. Say. Paris, 1897.

Die Grundlagen der statistik des auswærtigen Handels. Vienne, 1910.

Encyclopédie méthodique. Commerce. Paris, 1783.

FAURE (Fernand). — Éléments de statistique. Paris, 1905.

— Les Précurseurs de la Société de statistique de Paris. Paris, 1909.

Fifty third report of the Commissioners of his majesty's Customs. Londres, 1909.

FUNCK-BRENTANO et DUPUIS. — Tarifs douaniers et traités de commerce. Paris, 1896.

GIDE. — Principes d'Économie politique. Paris, 1901.

GIFFEN. — Economic Inquiries and Studies. Londres, 1904.

GUYOT (Y.). — Le Commerce et les commerçants. Paris, 1909.

GYÖRGY. — Statistique officielle de la Hongrie. Paris, 1885.

JULIN. — Précis du Cours de statistique. Paris, 1910.

KOBATSCH. — Die Vergleichbarkeit der Handelsstatistiken. Verschiedener Länder. Mons, 1908.

LEVASSEUR. — Histoire des classes ouvrières avant 1789. Paris, 1900-190.

— Aperçu des résultats de la statistique comparée du commerce extérieur. Paris, 1906.

— Le Coût de la vie (Extrait de la Revue économique internationale de novembre 1910. Bruxelles.

— Histoire du Commerce de la France, 1re partie. Avant 1789. Paris, 1911.

LIESSE. — La Statistique. Paris, 1905.

MAC CULLOCH. — A Dictionary of commerce and commercial navigation. Londres, 1880.

Martineau. — Le Commerce français dans le Levant. Paris, 1902.

Masson. — Histoire du Commerce du Levant au xviie siècle. Thèse Paris, 1896.

Mammsen et Marquardt. — Manuel des Antiquités Romaines, t. X. Paris, 1888.

Moreau de Jonnès. — Statistique des peuples de l'antiquité. Paris, 1851.

Moucheront. — Les Douanes de l'Algérie. Paris, 1907.

Pallain. — Les Douanes françaises. Paris, 1896.

Pandectes. Douanes. Paris, 1892.

Picard. — Rapport à la Commission des valeurs. Session de 1893, Paris.

Pigeonneau. — Histoire du Commerce de la France. Paris, 1887-1889.

Rahola. — Rapport sur les statistiques douanières. Mons, 1908.

Salmoiraghi. — Alcune note sulle Statistiche doganali. Milan, 1908.

Sundbærg. — Aperçus statistiques internationaux, 1908.

Thibault (F.). — Les Douanes chez les Romains. Paris, 1888.

Congrès et Périodiques

Annales du Commerce extérieur.

Annales des Douanes. Oudin, Poitiers.

Bulletin de Statistique et de Législation comparée. Ministère des Finances.

Bulletin de l'Institut international de statistitique, 1887-1907.

Bulletin de la Chambre de commerce de Paris.

Bulletin de la Fédération des industriels et commerçants français.

Circulaires de l'Administration des douanes.
Conférence internationale. Exposition de Paris. 1878.
Conférence internationale. Exposition de Bruxelles, 1910.
Congrès de réglementation douanière, 1900.
Congrès du commerce et de l'industrie organisé par *le Matin* 1905.
Congrès international d'Anvers, 1894.
Congrès international d'expansion économique mondiale. Mons, 1905.
Economic Journal.
Économiste français.
Économiste européen.
Giornale degli Economisti.
Journal des Économistes.
Journal de la Société statistique de Paris.
Journal of the royal statistical Society.
Political Science Quarterly.
Réforme économique.
Revue d'Économie politique.
Revue de Science et de Législation financière.

Publications statistiques

ALGÉRIE. — Tableau du commerce extérieur.
ALLEMAGNE. — Statistik des Deutschen Reichs ausvärtigen Handels des deutschen Zollgebiet.
ANGLETERRE. — Annual statement of the trade of the United Kingdom.
AUSTRALIE. — Official Year Book of the Commonwealth. Trade and customs and excise revenue of the Commonwealth.
AUTRICHE-HONGRIE. — Statistik der Auswärtigen Handels des Œsterreichich Ungarischen Zollgebiet.

— Commerce extérieur des pays de la sainte couronne hongroise.

Belgique — Tableau général du commerce avec les pays étrangers.

Bulletin mensuel du commerce spécial de la Belgique.

Brésil. — Importaçao e Expoitaçao movimento maritimo Cambial e do café da republica dos estados unidos do Brazil.

Bulgarie. — Statistique du commerce du royaume de Bulgarie avec les pays étrangers.

Canada. — Tableau du commerce et de la navigation du Canada.

Cap de Bonne-Espérance. — Statistical register of the Colony.

Chine. — Returns of trade and trade reports.

Égypte. — Commerce extérieur de l'Égypte.

Espagne. — Estadistica general del commercio exterior de España.

États-Unis. — Statistical abstract of foreign countries.

— The foreign commerce and navigation of the United States.

France. — Tableau général du commerce de la France.

— Documents statistiques réunis sur le Commerce de la France.

— Mouvement commercial de la France avec ses colonies et les pays étrangers pendant la période décennale, 1887-1896.

— Annuaire statistique du ministère du Travail.

Indes anglaises. — Annual statement of the seaborne trade and navigation of British India.

Italie. — Movimento commerciale del regno d'Italia.

Japon. — Annuaire financier et économique du Japon.

Mexique. — Boletin de Estadistica Fiscal.

Pérou. — Estadistica del Comercio especial del Peru.

Roumanie. — Commerce extérieur de la Roumanie.

RUSSIE. — Aperçu du commerce extérieur de la Russie par les frontières d'Europe et d'Asie.

— Annuaire statistique de la Finlande.

SERBIE. — Statistique du commerce extérieur du royaume de Serbie.

SUISSE. — Statistique du commerce de la Suisse avec l'étranger.

— Rapport annuel sur la statistique du commerce suisse.

Vu : le Président de la thèse,
FERNAND FAURE

Vu : le Doyen,
CAUWÈS

Vu et permis d'imprimer :
Le Vice-Recteur de l'Académie de Paris,
LIARD

TABLE DES MATIÈRES

---

1. Dans l'étude des statistiques commerciales étrangères on a suivi le même plan que celui qui a été adopté pour la France.

Imp. Jouve et Cie, 15, Rue Racine, Paris.

www.ingramcontent.com/pod-product-compliance
Ingram Content Group UK Ltd.
Pitfield, Milton Keynes, MK11 3LW, UK
UKHW021848190726
13855UKWH00001B/218